SCIENCE EXPRESS

Le Centre des sciences de l'Ontario
Texte de
Carol Gold

Illustré par
Vesna Krstanovich

Traduit de l'anglais par
Nicole Ferron

 Héritage jeunesse

Données de catalogage avant publication (Canada)

Gold, Carol

   Science express

   Traduction de : Science express.
   Comprend un index.

   ISBN 2-7625-6832-3

1. Sciences – Expériences – Ouvrages pour la jeunesse.
2. Jeux et récréations scientifiques – Ouvrages pour la jeunesse.
I. Krstanovich, Vesna.   II. Titre.

Q164.G6J14 1992   J507'.8   C91-090883-4

Texte copyright © 1991 Le Centre Centennial des sciences et de la technologie
Illustrations copyright © 1991 Vesna Krstanovich
Publié par Kids Can Press, Toronto, Ontario

Version française
© Les Éditions Héritage Inc. 1992
Tous droits réservés

Dépôts légaux : 1er trimestre 1992
Bibliothèque nationale du Québec
Bibliothèque nationale du Canada

ISBN : 2-7625-6832-3   Imprimé au Canada

LES ÉDITIONS HÉRITAGE INC.
300, Arran, Saint-Lambert (Québec) J4R 1K5
(514) 875-0327

TABLE DES MATIÈRES

SECTION UN
SCIENCE
EXPRESS

TON CORPS À L'ACTION

Aimerais-tu mettre la main aux sciences?

Et pourquoi pas les dents? Les yeux?

Peut-être même les poumons?

Préférerais-tu regarder la télévision?

Les expériences qui suivent te permettront

de faire tout cela et peut-être plus encore...

CROQUE À BELLES DENTS

Il te faut :
- **une brosse à dents**
- **ta bouche**
- **du dentifrice**
- **de l'eau du robinet**
- **une bouteille fraîche d'eau minérale gazéifiée ou de soda**

On dit qu'un sourire éclatant attire les amis. Et c'est bien vrai ! Mais où sont tous ces amis lorsque tu brosses tes belles dents ? Probablement en train de brosser les leurs. Brosser tes dents de bas en haut et de haut en bas, puis chaque dent devant, derrière, brosser... encore brosser. C'est souvent long et ennuyeux.

Il est certain, cependant, que tu dois le faire, mais n'y a-t-il pas une façon de rendre cette « corvée » un peu plus amusante ? Mais oui !

① Brosse la moitié de tes dents avec le dentifrice.

② Rince-les à l'eau.

③ Crache.

④ Brosse l'autre moitié de tes dents avec le dentifrice.

⑤ Au lieu de les rincer avec de l'eau, rince-les avec de l'eau minérale gazéifiée.

⑥ Crache.

⑦ Crache.

⑧ Crache encore.

Qu'est-ce qui se passe?

L'eau est composée de groupes d'atomes appelés molécules. Lorsqu'un ingrédient se dissout dans l'eau, il «remplit les espaces» entre les molécules. Certains ingrédients se dissolvent mieux que d'autres — ils sont plus *solubles*. Lorsque tous les espaces entre les molécules sont comblés, rien ne peut plus se dissoudre dans l'eau. Par contre, si tu ajoutes à la solution un ingrédient plus soluble que le premier, alors ce nouvel ingrédient repousse l'ancien.

Dans l'eau gazéifiée, les espaces entre les molécules sont remplis de gaz carbonique. Ce gaz n'est pas très soluble. Il reste mélangé à l'eau parce qu'on scelle sous pression la bouteille ou la canette qui le contient. Dès que tu ouvres cette bouteille ou cette canette, la pression est relâchée (tu peux l'entendre!) et les bulles de gaz commencent à s'échapper du liquide.

Le fait de rincer ta bouche avec de l'eau gazéifiée ne permet pas seulement au gaz de s'échapper (comme lorsqu'on agite une canette de boisson gazeuse) mais aussi de se mêler au dentifrice et à la salive. Certains ingrédients contenus dans la salive et dans le dentifrice sont très solubles. En se dissolvant dans l'eau, ils repoussent le gaz carbonique, formant ce qui nous semble être un quintillion de bulles. La glycérine, un des ingrédients du dentifrice, empêche les bulles d'éclater rapidement... et tu te retrouves avec la bouche pleine de mousse!

Un peu de mousse dans ta vie

La glycérine n'est pas le seul ingrédient qui empêche les bulles d'éclater. Essaie ce qui suit pour t'en convaincre.

Il te faut :
- **de l'eau gazéifiée**
- **quatre petits verres**
- **du savon à vaisselle**
- **du lait**
- **du dentifrice**
- **quatre petites fourchettes**

① Verse un peu d'eau gazéifiée dans chaque verre.

② Ajoute un peu de savon à vaisselle dans un verre, du lait dans un autre, et du dentifrice dans un autre.

③ Prends une fourchette différente pour chaque verre et mélange bien le contenu de chacun. Quelle est la mousse qui dure le plus longtemps?

La surface de l'eau n'est pas très élastique. Presque aussitôt qu'une bulle de gaz carbonique arrive à la surface, elle éclate. Le savon à vaisselle, le lait et la glycérine contenue dans le dentifrice aident la surface de l'eau à s'étaler un peu autour des poches de gaz. Maintenant, tu sais pourquoi tu obtiens plus de bulles lorsque tu souffles de l'air dans ton verre de lait que lorsque tu le fais dans un verre d'eau.

UNE CONVERSATION ÉTINCELANTE

Tu n'as ni besoin d'allumettes, ni besoin de frotter deux bâtons l'un contre l'autre pour faire des étincelles. En fait, tu peux faire la lumière sur ce sujet en ouvrant simplement la bouche... et en mastiquant.

Il te faut :
- **une pièce très sombre (une penderie)**
- **des menthes à l'essence de wintergreen (thé des bois)**
- **un miroir, un ami, ou les deux**

① Emporte des menthes à l'essence de wintergreen et un miroir dans une pièce très sombre ou dans une penderie. Ferme la porte.

② Mets une menthe dans ta bouche. Si tu es avec un ami, donne-lui aussi un bonbon.

③ Fais ce qu'on t'a toujours dit de ne jamais faire... mastique la bouche ouverte.

④ Regarde-toi dans le miroir ou regarde la bouche de ton ami. Tu vois les étincelles ?

Qu'est-ce qui se passe?

Les étincelles de lumière que tu vois proviennent de la façon dont sont fabriqués les bonbons à l'essence de wintergreen. Ce n'est pas leur forme extérieure qui importe — que tu croques un bonbon de forme ovale ou carrée ne change rien... C'est leur forme intérieure qui compte. Les menthes à l'essence de wintergreen sont composées de millions de minuscules cristaux. La plupart des cristaux sont symétriques — chaque moitié s'ajuste à l'autre. Cependant, dans certaines structures cristallines, les cristaux sont irréguliers. Les difformités de ces cristaux emmagasinent de l'énergie qui est relâchée sous forme de lumière lorsque les cristaux sont brisés (ou lorsque tu croques la menthe). Une partie de cette lumière est une lumière ultra-violette invisible. L'huile de wintergreen aide à transformer la lumière ultra-violette en une lumière bleu-vert que tu peux voir.

Tu peux aussi obtenir des étincelles à partir d'autres substances. Essaie de gratter ou de broyer du sel gemme ou des cristaux de sucre dans le noir. Les étincelles sont-elles différentes de celles produites par le bonbon à l'essence de wintergreen?

Et pourquoi ne pas essayer de croquer d'autres sortes de menthes? La menthe verte? Ou la menthe poivrée? Essaie... tu n'as rien d'autre à perdre que ton appétit.

La prochaine fois que quelqu'un te dira d'avoir un sourire plus éclatant, croque une menthe à l'essence de wintergreen.

COMPTE SUR TES DOIGTS

Regarde un peu la télévision... puis, lorsque tu auras terminé, lis ce qui suit.

Alors, qu'est-ce que tu as vu ? Je ne te demande pas ce que tu as regardé, mais bien ce que tu as vu. Une image, pas vrai ? Tu as raison... du moins en partie. Si tu as regardé la télévision pendant une minute, tu as vu environ 3 600 images ! Tu en veux la preuve ? La voici.

Il te faut :
- **un téléviseur**
- **ta main**

① Ouvre le téléviseur. Éteins les lumières de la pièce.

② Tiens ta main devant toi, tout près du poste de sorte que tes doigts couvrent l'écran en partie. Étends tes doigts et agite-les devant l'écran. Combien de doigts vois-tu ? (L'effet est plus probant lorsque tu fixes l'écran plutôt que tes doigts.)

③ Essaie avec un seul doigt.

Qu'est-ce qui se passe?

As-tu déjà regardé par la fenêtre un soir d'orage?

Chaque éclair donne l'impression que le paysage est une image immobile illuminée et, si tu fermes les yeux, tu peux encore «voir» cette image pendant quelques secondes.

L'habileté à retenir une image très éclairée est ce qui te permet de voir les images en mouvement à la télévision ou sur un écran de cinéma.

Si tu as déjà regardé un bout de pellicule, tu as vu une série d'images immobiles d'une même action. Lorsque les images immobiles sont prises suffisamment rapprochées les unes des autres — environ 24 images à la seconde — et projetées à la même vitesse,

l'image de chaque photo reste dans ton œil (comme l'éclair) jusqu'à ce que la photo suivante soit éclairée. Tu n'as jamais remarqué la noirceur entre les images, et ton cerveau fait le lien entre les images qui t'apparaissent comme un mouvement ininterrompu.

La même chose se passe à la télévision, mais par un processus électronique et non une pellicule. La caméra de télévision filme rapidement des séries d'images immobiles. Les images sont transmises au poste de télévision grâce à des signaux électroniques qui donnent l'ordre au tube-image de projeter des électrons qui «peignent» des images sur l'écran 60 fois à la seconde. Comme dans un film, l'image lumineuse sur ton écran de télévision s'allume et s'éteint, trop vite pour que tu t'en aperçoives.

Lorsque tu agites tes doigts devant l'écran, ils bloquent la lumière de l'éclair. Tu peux alors voir la silhouette de ton doigt découpée sur l'écran. Avec chaque éclair de lumière, la silhouette de ton doigt mobile est dans une position légèrement différente. Tu vois donc ton doigt se déplacer en «sautant» d'une position à l'autre. De plus, ton œil conserve l'image lumineuse de la silhouette de ton doigt assez longtemps pour que tu la voies encore lorsque l'éclair suivant illumine l'écran. Tu perçois en même temps ton doigt là où il est et là où il était, ce qui te donne l'illusion de voir des doigts supplémentaires.

Pour voir la différence qu'il y a avec un éclair, essaie d'agiter tes doigts devant une ampoule allumée ou devant une fenêtre éclairée. Si quelqu'un te salue de la main, fais semblant d'être à la télé.

P 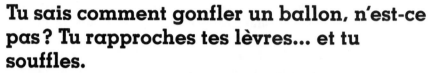 FIIITT

Tu sais comment gonfler un ballon, n'est-ce pas? Tu rapproches tes lèvres... et tu souffles.

Mais ça, c'est la façon habituelle de gonfler un ballon. Voici une autre façon qui va économiser la puissance de tes poumons, pour siffler par exemple.

① Insère la paille dans l'ouverture du petit ballon. Enroule un des élastiques autour du col du ballon par-dessus la paille jusqu'à ce que ce soit étanche à l'air. Souffle le ballon par la paille, puis bouche l'ouverture avec ton doigt quelques secondes, pour vérifier qu'il n'y a pas de fuite d'air.

Il te faut:
- **une paille en plastique**
- **un petit ballon rond**
- **deux élastiques**
- **une grosse épingle, un crayon bien taillé ou un stylo, ou un autre outil pour perforer**
- **un gobelet de plastique transparent ou un petit contenant de plastique clair**
- **des ciseaux**
- **une petite boule de pâte à modeler ou de la gomme à mâcher**
- **un gros ballon rond**

② À l'aide de ton outil à perforer, perce un petit trou au fond de ton gobelet de plastique, par l'intérieur. Si c'est trop difficile, prends la pointe des ciseaux. (Certains gobelets de plastique sont très cassants et se briseront ou craqueront lorsque tu perceras un trou. Tu devras peut-être essayer différents contenants.) Fais le trou juste assez grand pour y glisser le bout libre de la paille.

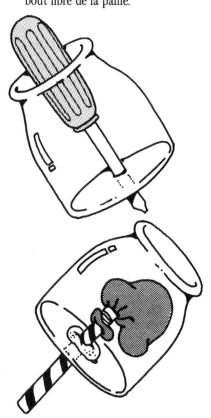

③ Glisse le bout libre de la paille dans le trou, par l'intérieur du gobelet, puis tire la paille jusqu'à ce que le petit ballon soit à l'intérieur du gobelet.

④ Bouche l'espace entre la paille et le trou avec la pâte à modeler ou la gomme à mâcher.

⑤ Coupe le fond du gros ballon et étire-le sur l'ouverture du gobelet. Fixe-le avec l'autre élastique.

⑥ Tiens le gobelet d'une main, la paille vers le haut. De l'autre main, tire doucement le morceau de ballon couvrant l'ouverture du gobelet. Regarde ce qui arrive au ballon à l'intérieur du gobelet.

Qu'est-ce qui se passe?

Lorsque tu tires le morceau de ballon qui couvre l'ouverture du gobelet, tu agrandis l'espace à l'intérieur du gobelet. L'air prisonnier s'étend pour remplir cet espace, diminuant ainsi la pression de l'air dans le gobelet. Ceci permet donc à l'air à l'intérieur du petit ballon de s'étendre à son tour, et de gonfler un peu le ballon.

Mais l'air à l'intérieur du petit ballon est relié, par la paille, à l'air ambiant. Lorsque le ballon se gonfle, l'air extérieur vient remplir l'espace qui se crée et gonfle encore plus le ballon. Le petit ballon prend alors assez d'espace à l'intérieur du gobelet pour remplir celui que tu as créé en tirant le couvercle. Cela écrase l'air prisonnier dans le gobelet et augmente sa pression jusqu'à ce qu'elle redevienne normale; le ballon ne peut donc plus s'étirer.

Lorsque tu relâches le morceau de ballon sur lequel tu tires, tout le processus est inversé et l'air est chassé du petit ballon. C'est un peu ce qui arrive lorsque tu respires. Le gobelet est ta poitrine; la paille, tes voies respiratoires (le nez et la bouche). Le petit ballon représente tes poumons. Le gros ballon tendu sur le gobelet est ton diaphragme, un muscle qui s'étire au milieu de ton corps.

EGARDE À TRAVERS LES GENS

Il te faut :
- **une feuille de papier**

Tu n'as pas besoin d'une vision radioscopique pour voir à travers les objets solides !

① Roule ta feuille de papier en forme de tube.

② Tiens le tube dans ta main gauche et mets-le devant ton œil gauche comme un téléscope.

③ Garde les deux yeux ouverts.

④ Tiens ta main droite (la paume vers toi) à côté de l'extrémité du tube. Glisse lentement ta main vers ta figure jusqu'à ce que tu puisses voir à travers le centre de ta paume.

14

Qu'est-ce qui se passe?

Parce que tes yeux sont à plusieurs centimètres l'un de l'autre, ils voient chacun une image différente du monde. Ferme tes yeux l'un après l'autre quelques fois et tu remarqueras que les objets ont l'air de sauter lorsque ton point de vue change. Ton cerveau combine l'information des deux yeux pour créer une image unique tridimensionnelle, et c'est ce que tu «vois». Lorsque les deux yeux regardent la même chose, tout va bien. Mais, lorsque tu places le tube de papier devant ton œil, tu bloques tout sauf ce que tu vois par le tube. Par contre, en tenant ta main devant ton autre œil, tu présentes une vue tout à fait différente à chacun de tes yeux. Et lorsque ton cerveau combine les deux images, tu «vois» à travers ta main.

Rêver tout éveillé

T'est-il déjà arrivé d'être dans la lune, perdu dans tes pensées et, lorsque tu es revenu lentement à la réalité, de t'apercevoir que tu voyais double? Tu pouvais presque voir les images doubles s'unifier. Pendant que tu pensais, ton cerveau a cessé de contrôler tes yeux, a laissé les muscles se détendre et a fait le point à distance, te donnant une vision embrouillée des objets qui étaient près de toi. Lorsque tu as de nouveau prêté attention, tes yeux ont refait la mise au point.

Tu peux utiliser ces images doubles disparates pour devenir un magicien de la vue.

Et maintenant... pour votre plus grand plaisir... l'illusion de la saucisse en lévitation. Tiens tes mains devant tes yeux à environ 15 à 20 cm. Fais toucher les bouts de tes index et replie les autres doigts. Tout en laissant tes index en contact à la hauteur de tes yeux, regarde quelque chose derrière eux. Soudain, une saucisse va apparaître entre le bout de tes doigts! Détache légèrement les doigts et elle se tient en l'air par lévitation. C'est une illusion qui perdure seulement si tu ne la regardes pas. Aussitôt que tes yeux font le point sur tes doigts, la saucisse disparaît.

ÉLARGIS TES HORIZONS

Un ami t'envoie un message secret écrit en lettres superminuscules. Et, bien sûr, tu ne trouves pas de loupe chez toi. Ne t'en fais pas! Les plus petits secrets de l'univers (et de ton ami) sont à ta portée. Tu n'as pas besoin de lentilles spéciales pour voir plus gros. Fabrique ta propre loupe.

Il te faut :
- **un bocal cylindrique de plastique ou de verre (par exemple, une bouteille à pilules)**
- **de l'eau**
- **un couvercle qui ferme hermétiquement le bocal ou la bouteille**

① Remplis ton contenant d'eau jusqu'au bord. Lorsqu'il est plein, dépose-le sur le comptoir et ajoute encore de l'eau jusqu'à ce qu'il déborde.

② Avec précaution, en ne renversant plus d'eau, ferme le couvercle bien serré. Essaie de ne pas faire entrer d'air dans le contenant. Tu as maintenant une loupe à eau !

Tout ce que tu peux faire avec ta loupe

Grossir les objets
Tiens ta loupe sur le côté et regarde à travers l'eau le petit mot ci-dessous. Déplace ta loupe d'avant en arrière entre tes yeux et le texte jusqu'à ce que tu trouves la position qui grossit le plus les caractères.

Allonger les objets
Tiens ta loupe verticalement au-dessus de ce dessin et regarde-le. Tourne la loupe horizontalement et regarde le dessin de nouveau.

Inverser les objets
Tiens ta loupe au-dessus de l'image, très près de la page. Éloigne lentement la loupe de la page et regarde l'image changer de direction!

Qu'est-ce qui se passe?

Tu vois les objets parce qu'ils émettent ou réfléchissent des rayons lumineux (comme une ampoule électrique ou le soleil). Ces rayons frappent des cellules nerveuses spéciales réunies à l'arrière de ton oeil dans une région que l'on appelle la *rétine*.

L'espace que ces rayons occupent sur ta rétine t'indique la grosseur de l'objet. Plus ils occupent d'espace, plus l'image de l'objet paraît grande. Ta loupe à eau agit comme une lentille grossissante qui change la direction des rayons lumineux qui la traversent de sorte qu'ils prennent plus de place sur ta rétine. Tu «vois» l'objet plus gros qu'il ne l'est en réalité.

C'est la courbe d'une lentille qui change la direction de la lumière qui la traverse. Ta loupe étant un cylindre, elle est courbée dans une seule direction. Elle ne grossit donc que dans une direction. Et c'est pourquoi elle étire les objets.

Comment ta loupe réussit-elle à inverser les objets? Lorsque les rayons lumineux qui viennent d'un objet traversent une lentille, ils se croisent. Une fois croisés, les rayons lumineux venant du sommet de l'objet se retrouvent en bas et les rayons lumineux d'en bas, sur le dessus. Tes yeux enregistrent cette image inversée et tu vois l'objet à l'envers. Cependant, quand l'objet est très près de la lentille, les lignes ne se croisent pas et l'image que tu vois reste à l'endroit. Lorsque tu places ta loupe tout contre un objet et que tu l'éloignes lentement, l'objet semble être inversé.

*L*IS DANS LES PENSÉES

Tu as probablement prononcé cette phrase des centaines de fois. Mais savais-tu vraiment à quoi pensaient les gens ou le devinais-tu d'après leur façon d'agir? Les professionnels qui «lisent dans les pensées des gens» peuvent le faire parce qu'ils sont entraînés à remarquer les petits indices qui échappent aux autres. Voici ta chance de pouvoir «lire dans les pensées», toi aussi.

Il te faut:
- **un ami**
- **une pièce de monnaie**

(1) Annonce que tu peux lire les pensées si elles sont bien claires. Donne une pièce de monnaie à ton amie. Retourne-toi et demande-lui de cacher la pièce dans une de ses mains sans te dire de quelle main il s'agit.

(2) Demande-lui ensuite d'appuyer fermement la main qui tient la pièce contre son front et de se concentrer sur cette main. Dis-lui de tenir l'autre main le long de son corps «pour ne pas bloquer les ondes».

(3) Fais semblant de recevoir les pensées pendant que tu comptes lentement jusqu'à 30.

(4) Dis ensuite à ton amie de tenir ses deux mains fermées devant elle. Retourne-toi et regarde ses mains.

(5) Choisis la main la plus pâle.

Qu'est-ce qui se passe ?

La circulation sanguine à travers les minuscules vaisseaux sanguins (appelés capillaires) colore ta peau. Lorsque tu élèves une partie de ton corps plus haut que ton cœur, le sang doit être poussé vers le haut pour atteindre cette partie, et peu de sang atteint les capillaires à la surface de la peau. La main que ton amie a tenue sur son front ne contient pas la même quantité de sang que son autre main ; elle est donc plus pâle. Si ton amie referme sa main sur la pièce de monnaie, cela va entraver davantage le flot sanguin et cette main sera encore plus pâle.

DEVIENS ATTIRANT

As-tu déjà entendu dire que les contraires s'attiraient ? Est-ce que ça veut dire que si tu es grand, blond et que tu détestes les sports, tu devras avoir des amis petits, aux cheveux foncés et fous des sports ? Eh bien, plusieurs histoires d'amour sont bâties sur cette idée et — qui sait ? — c'est peut-être vrai. Mais pas seulement pour les histoires de cœur.

Il te faut :
- quatre ballons
- deux chaises
- un long bâton ou un morceau de bois d'environ un mètre
- deux bouts de ficelle de 20 cm de long environ

① Gonfle les ballons et attache-les.

② Installe les deux chaises dos à dos et éloigne-les l'une de l'autre afin de pouvoir déposer le bâton sur les dossiers.

③ Avec la ficelle, attache deux ballons au bâton, les laissant pendre d'environ 15 cm. Les ballons doivent être à une distance de 2 à 5 cm l'un de l'autre.

④ Tiens un des ballons qui te restent près de ceux qui sont suspendus. Est-ce qu'il se passe quelque chose ?

⑤ Frotte rapidement le même ballon plusieurs fois contre tes cheveux. Tiens-le de nouveau devant les ballons. Que se passe-t-il ?

⑥ Dépose le ballon et frotte chacun des ballons suspendus contre tes cheveux. Que leur arrive-t-il ?

⑦ Frotte de nouveau le ballon qui te reste et tiens-le près des ballons suspendus. Qu'est-ce qui se produit ?

⑧ Frotte les ballons suspendus encore une fois. Qu'arrive-t-il si tu tiens le ballon qui n'a jamais été frotté près des deux ballons suspendus ?

Qu'est-ce qui se passe ?

Lorsque tu frottes un ballon contre tes cheveux, tu crées une charge électrique dans le ballon. Les charges électriques agissent comme des aimants — si elles sont différentes, elles s'attirent ; si elles sont semblables, elles se repoussent. Un ballon chargé négativement repoussera un autre ballon chargé négativement, mais il attirera un ballon de charge positive ou sans aucune charge.
Comment les ballons acquièrent-ils leur charge électrique ?

Tes ballons (et n'importe quel autre objet) sont composés de minuscules particules de matière appelées atomes. Les atomes contiennent deux types de charge électrique : positive et négative. Normalement, ces charges sont équilibrées et l'atome ou les objets faits d'atomes, comme tes ballons, ne possèdent aucune charge. Mais dans certains matériaux, tes cheveux par exemple, les particules négatives de l'atome, appelées électrons, ne sont pas très bien fixées. Alors, lorsque tu frottes un ballon contre tes cheveux, quelques-uns des électrons de tes cheveux passent sur le ballon. Les électrons négatifs supplémentaires changent la charge électrique du ballon et ce dernier acquiert une charge négative. Les ballons ayant une charge négative repoussent les autres ballons ayant une charge négative et attirent les ballons de charge neutre que tu n'as pas frottés.

Oh ! ciel ! tu as perdu des électrons !

Si certains électrons de tes cheveux sont transmis au ballon, cela te donne-t-il une charge positive ? Oui, pendant un certain temps. Tu peux d'ailleurs remarquer que tes cheveux se repoussent les uns les autres. Mais tout redevient vite normal. Aussitôt qu'un objet perd des électrons, il tente de retrouver sa charge neutre en allant chercher des électrons ailleurs. Tu perds donc quelques électrons par tes cheveux et tu en retrouves un nombre équivalent par tes pieds (ou toute autre partie de ton corps qui touche le sol). Quelquefois, tu peux sentir les électrons qui reviennent dans ton corps. Essaie de frotter tes pieds sur un tapis de nylon, puis de toucher quelqu'un. Remercie-le bien pour ses électrons !

SECTION DEUX
SCIENCE
EXPRESS

AVEC UNE BALLE

Des balles qui grimpent,
des balles qui volent, des balles
qui te tombent entre les mains et des
balles que tu ne peux pas attraper... même
des balles qui n'en sont pas. Suis notre balle qui ne
cesse de rebondir à travers les sept
expériences suivantes.

ESCALADE LES MURS

Peux-tu prendre une balle dans un gobelet de carton sans la toucher avec tes mains? Bien sûr, c'est facile. Enfin, assez facile, après avoir pourchassé la balle pendant un certain temps. Mais voici un défi encore plus grand à relever. Peux-tu prendre une balle dans un gobelet de carton sans fond?

Il te faut:

- **des ciseaux**
- **un gobelet de carton**
- **une petite balle légère, ayant un diamètre deux fois plus petit que le fond du gobelet (une balle de ping-pong, par exemple)**

① Découpe le fond du gobelet avec les ciseaux.

② Dépose la balle sur la table et recouvre-la du gobelet, le fond vers le bas.

③ Tiens le gobelet d'une main et fais-le tourner jusqu'à ce que la balle tourne aussi à l'intérieur. Lorsque la balle est en mouvement, fais tourner ton gobelet plus rapidement. Surveille la balle.

④ Lorsque la balle tourne fortement à l'intérieur du gobelet, soulève ce dernier. Continue de le faire tourner. Jusqu'à quelle hauteur peux-tu faire monter la balle?

Qu'est-ce qui se passe ?

La balle, comme tout autre objet en mouvement, cherche à se déplacer en ligne droite. Mais dès qu'elle le fait, elle roule le long de la paroi du gobelet qui est inclinée vers l'extérieur, comme une pente très abrupte. Si la balle veut continuer d'aller droit, elle doit escalader la pente, comme si tu étais à bicyclette ou en rouli-roulant et qu'il y avait une pente sur ton chemin. Parce que la pente est très abrupte, la balle a de la difficulté à monter et tu peux la maintenir à l'intérieur du gobelet tout en le soulevant. Si tu tentes de faire la même chose avec un bol à soupe par exemple, la balle passera par-dessus bord parce que les parois sont moins abruptes.

Si tu utilises une balle petite mais lourde, tu peux réussir à la faire sortir à l'extérieur du gobelet — mais sois prudent parce qu'elle aura atteint une grande vitesse et qu'elle sortira du gobelet en ligne droite. Elle pourrait même atterrir sur quelque chose de grande valeur, comme toi par exemple !

SOUFFLE LES OBJETS DANS LES AIRS

Si tu lances une balle dans les airs, elle redescend aussitôt. Mais qu'advient-il si tu souffles une balle dans les airs?

Il te faut:
- **un sèche-cheveux portatif avec un jet d'air puissant**
- **un ballon ou une légère balle de plage**

① Allume le sèche-cheveux (utilise l'air froid pour économiser de l'énergie).

② Tiens le sèche-cheveux d'une main, le jet d'air vers le haut. De l'autre main, soutiens le ballon dans le jet d'air jusqu'à ce que tu le sentes supporté par l'air.

③ Retire ta main.

④ Pousse doucement le ballon d'un côté. Pourquoi ne tombe-t-il pas?

⑤ Voici une autre surprise. Incline lentement le jet d'air jusqu'à ce qu'il atteigne un angle de 45°.

⑥ Continue lentement de l'incliner. Jusqu'où peux-tu aller avant que le ballon ne tombe?

Qu'est-ce qui se passe ?

L'air soufflé du sèche-cheveux se déplace beaucoup plus rapidement que l'air ambiant. Ceci diminue la pression du jet d'air soufflé par comparaison avec l'air ambiant. L'air à haute pression autour du ballon agit comme un mur et empêche le ballon d'être poussé en dehors du jet d'air.

En inclinant le jet d'air, l'air qui passe au-dessus du ballon doit circuler plus vite que l'air qui passe en dessous. L'air au-dessus du ballon a donc une pression plus basse que l'air du dessous. Ceci permet à l'air du dessous qui a une pression plus élevée de pousser vers le haut et de «porter» le ballon.

En inclinant le sèche-cheveux, l'air arrive à un point où il va à la même vitesse au-dessus et en dessous du ballon. Il n'y a plus de différence entre la pression de l'air au-dessus et en dessous du ballon, et on perd la «portance». Voilà pourquoi les ailes des avions ne sont pas rondes.

Toujours plus haut

Si tu veux ajouter un peu de piquant à cette expérience, fais-la avec un œuf (au-dessus d'un plancher lavable!). Il te faudra un sèche-cheveux plus puissant, car l'œuf est plus lourd qu'un ballon de plage. La sortie d'air d'un aspirateur devrait être assez puissante, si tu la canalises en un jet étroit. Normalement, l'air sort de l'aspirateur, se disperse et perd son énergie. Mais si tu pousses l'air à travers un conduit étroit, tu peux concentrer son énergie. Pense à la différence entre souffler une bougie la bouche grande ouverte ou la souffler les lèvres pincées. Il te faut un aspirateur qui souffle l'air à travers une petite ouverture ronde, comme la plupart des aspirateurs en ont. Tu dois aussi obtenir la permission de faire cette expérience avec l'œuf et l'aspirateur. Trouve un tube de plastique qui s'adapte étroitement à l'orifice de l'aspirateur (une section du tuyau de l'aspirateur ou un des accessoires de nettoyage). Si cela ne produit pas un jet d'air assez puissant pour soutenir un œuf, bouche une partie de l'orifice avec des morceaux de plastique — ne laisse qu'un orifice de la grosseur d'une pièce de vingt-cinq cents. Le souffle produit devrait supporter l'œuf. (Tu pourrais faire la même chose avec la sortie d'air de l'aspirateur lui-même, mais lorsque tu voudras incliner le jet d'air, il sera plus facile de le faire avec un tuyau qu'avec tout l'aspirateur.)

SUR UNE BALLE

As-tu une balle qui rebondit très haut ? Lance-la le plus fort possible — jusqu'où rebondit-elle ? Elle pourrait aller encore plus haut. Il lui suffirait d'emprunter un peu d'énergie...

Il te faut :
- **deux balles — deux «superballes» de grosseur différente est ce qu'il y a de mieux, mais tu peux utiliser n'importe quelles balles qui rebondissent bien, pourvu que l'une des balles soit plus grosse et plus lourde que l'autre**
- **un grand espace ouvert**

① Laisse tomber les deux balles séparément et observe à quelle hauteur elles rebondissent.

② Prends une balle dans chaque main et amène-les à la hauteur de tes yeux. Place la petite balle sur la grosse balle. Assure-toi qu'elle est vraiment au milieu et pas décentrée.

③ Laisse tomber les deux balles sans changer leur position. La petite balle devrait descendre sur la grosse balle. Si les deux balles rebondissent dans des directions différentes, tu devras t'exercer un peu.

④ Tu sauras quand tu auras réussi. Bonne chance !

Qu'est-ce qui se passe?

Super! Qu'est-ce qui fait voler cette petite balle?

Les balles rebondissent parce qu'elles s'écrasent légèrement en heurtant le sol, puis qu'elles retrouvent leur forme ronde initiale. Lorsqu'une balle tombe, elle accumule de l'énergie cinétique, qui est une combinaison de sa vitesse et de sa masse. Plus son énergie est grande lorsqu'elle frappe le sol, plus elle s'aplatit et plus haut elle peut rebondir.

Le plancher l'aide, lui aussi. Lorsqu'une balle frappe le plancher, ce dernier se courbe un peu et, en reprenant sa surface plane normale, il pousse la balle qui rebondit. Les planchers ne procurent pas tous le même rebond à la balle; les balles rebondissent mieux sur un plancher de ciment que sur une surface de liège, par exemple.

Lorsque les balles à deux étages frappent le plancher, la grosse balle, étant plus lourde, a plus d'énergie que la petite balle et, de ce fait, retrouve sa forme avec plus de force. Mais la plus grande partie de l'énergie de la grosse balle et presque la totalité du rebond du plancher sont transférées à la petite balle.

La petite balle cumule presque toute l'énergie de la grosse balle plus la sienne... et elle décolle.

As-tu déjà joué aux billes ou au croquet ou même au billard? Tu as alors transféré l'énergie d'une balle à une autre. Place les balles côte à côte, immobilise une des balles, frappe-la sur le côté opposé à celui qui touche l'autre balle et regarde celle-ci se déplacer.

*U*N PETIT JEU DE BALLE

Il te faut:

- **trois miroirs carrés ou rectangulaires sans cadre (de n'importe quelle taille, du miroir de poche au miroir de la grosseur d'une tuile)**
- **du ruban adhésif**
- **une balle**
- **l'angle intérieur de deux murs (de préférence dehors ou là où les balles «volantes» ne risquent pas d'endommager quelque chose)**
- **une lampe de poche**

Qu'est-ce qui est plus facile à attraper — une balle ou un faisceau de lumière? Tu seras étonné de tes découvertes.

① Dépose deux miroirs côte à côte, face contre terre. Colle-les ensemble avec le ruban adhésif.

② Plie ces deux miroirs à un angle de 90°. Mets-les de côté pendant un moment.

③ Lance ta balle avec force dans le coin du mur, près du plancher, et tente de la rattraper sans déplacer ta main. Lance-la plusieurs fois à des angles différents.

④ Place tes miroirs contre le coin des murs. Dépose le troisième miroir sur le sol, entre tes miroirs en coin, face sur le dessus.

⑤ Allume ta lampe de poche et diriges-en le faisceau à l'angle formé par la rencontre des trois miroirs. Essaie d'«attraper» le retour du faisceau lumineux sans bouger la lampe. (Comment

savoir si tu as réussi? Vois-tu le faisceau lumineux réfléchir du miroir dans une autre direction? Sinon, c'est qu'il revient directement à la lampe.) Fais bouger ta lampe de poche et vérifie si tu attrapes toujours le faisceau lumineux.

Qu'est-ce qui se passe?

La balle et la lumière frappent toutes deux un côté du coin en premier, rebondissent ensuite sur l'autre côté, puis vers l'extérieur. Selon l'angle auquel tu les envoies, elles peuvent frapper les deux côtés très près l'un de l'autre ou assez éloignés pour que (du moins avec la balle) tu puisses voir les deux rebonds.

Lorsque la balle frappe un côté du mur, la friction entre elle et la surface la fait rouler pendant qu'elle rebondit. La balle frappe alors l'autre mur en tournant sur elle-même. La double révolution renvoie la balle dans une autre direction et elle peut rebondir une autre fois avant de s'éloigner du mur. Tu ne peux pas l'attraper.

Mais il n'y a *pas* de friction entre la lumière et le miroir. La lumière voyage toujours en ligne droite et est toujours réfléchie à un angle égal à celui avec lequel elle frappe le miroir. Alors, lorsque tu projettes le faisceau de ta lampe vers un angle droit de trois côtés, il se réfléchit de chaque côté du coin recouvert de miroir et revient en ligne parallèle sur le même chemin qu'il avait emprunté vers le miroir. Le faisceau revient donc directement à la lampe de poche.

Ce que le coin de miroir fait à la lumière qui lui est projetée par la lampe de poche, il le fait aussi à la lumière que ton visage réfléchit. Regarde-toi dans les trois miroirs. Essaie de sortir ta figure du coin!

Un petit secret

Les faisceaux de radar réfléchissent des objets de la même façon que la lumière. C'est facile pour un radar de repérer un objet qui a beaucoup d'angles droits parce que le faisceau revient directement au détecteur du radar. Alors un des secrets pour rendre un objet — un avion, par exemple — invisible au radar est de construire tous ses angles plus grands ou plus petits que 90°.

Change ta balle en faisceau de lumière

Eh bien, pas exactement. Mais tu peux faire rebondir ta balle comme un faisceau de lumière.

Il te faut:
- **un coin souple, glissant**
- **une balle**

① Tu peux rendre un coin glissant en collant du papier paraffiné sur les deux murs et le plancher d'un coin, puis en y vaporisant de l'huile à cuisson. Tu peux aussi faire un coin à partir de trois morceaux de mélamine (bois aggloméré recouvert d'une surface brillante et lisse) ou d'un matériau semblable. Vaporise ou étends de l'huile sur le coin. Ceci peut devenir très malpropre, alors si tu ne veux pas de problème avec ta famille, demande la permission avant de t'aventurer dans ton expérience.

② En tenant ta main éloignée sur le côté, lance ta balle dans le coin huilé.

③ Prépare-toi à attraper ta balle. Si tu as bien visé, la balle va rebondir directement dans ta main au point où tu l'as lancée. Qu'est-ce qui a fait la différence?

*U*NE EXPÉRIENCE ENLEVANTE

Alors, tu te crois fort ? Tu peux plier du caoutchouc à mains nues, sauter des clôtures d'un seul bond. Tu peux courir plus vite qu'un rouli-roulant lancé à pleine vitesse. MAIS... peux-tu soulever quelque chose sans y toucher ?

Il te faut :
- **deux verres à vin**
- **une table**
- **une balle de ping-pong**

① Place un verre à vin au bord de la table et l'autre juste derrière.

② Dépose la balle de ping-pong dans le verre le plus près du bord.

③ Penche-toi pour que ta bouche arrive juste au-dessus du verre qui contient la balle. Souffle fort *par-dessus* le verre, en dirigeant ton souffle vers l'autre verre. Ne souffle pas dans le verre.

Qu'est-ce qui se passe?

Lorsque tu souffles au-dessus du verre, tu crées une zone de basse pression d'air en mouvement. La pression la plus basse est près de tes lèvres parce que c'est là que l'air circule le plus vite. L'air à haute pression de l'intérieur du verre commence à s'élever vers le bord du verre entraînant la balle avec lui. En montant, l'air crée une autre zone de basse pression près du bord éloigné du verre. L'air circule dans le verre à partir du bord éloigné, donnant une poussée supplémentaire à la balle de ping-pong. La balle qui est prise dans le courant d'air soufflé se trouve alors soulevée, et transportée jusqu'à l'autre verre.

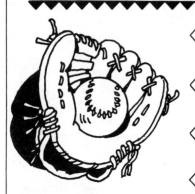ATTRAPE!

«Hé! Attrape!» crient tes amis. Surpris, tu te retournes et tu vois une balle foncer sur toi. Avant de t'en rendre compte, ta main s'est mise en position et attrape la balle. Comment ta main sait-elle où aller?

Fais cette expérience avec un petit enfant; il y a des chances qu'il n'attrape pas la balle. Un très petit enfant — de trois ou quatre ans, par exemple — aura de la difficulté à attraper la balle même si on la lui lance tout doucement et si on le prévient avant pour qu'il se prépare.
Es-tu meilleur parce que tu es plus grand? Est-ce ta vitesse phénoménale, ton agilité, le fait d'être un joueur de baseball exceptionnel? Non. C'est parce que tu as appris à te fier à tes yeux. Pour voir comment ça fonctionne, essaie de reculer dans le temps avec un appareil à «large vision» qui peut ramener tes yeux au temps où tu étais petit.

Il te faut:
- un morceau de polystyrène (ou d'un matériau semblable) de 30 cm de long, 10 cm de large et au moins 5 cm d'épaisseur. Le polystyrène d'emballage est parfait. La forme n'est pas importante et les bosses et les creux ne dérangent pas.
- un stylo
- un outil pour couper le polystyrène — même un couteau de table non coupant peut le faire
- deux miroirs de plastique de la grandeur d'une tuile
- deux miroirs de poche
- un ami
- une balle, de préférence molle et de la taille d'une balle de baseball

① Choisis la surface la plus plane du morceau de polystyrène. Trouve le point central et fais une marque à 2 cm, de chaque côté de ce point. Marque un autre point à 10 cm de chaque côté des premières marques.

② À chacune des marques, pratique une entaille dans le polystyrène comme sur l'illustration. Fais des fentes d'au moins 2,5 cm de profond et assez longues pour y insérer tes miroirs.

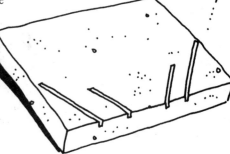

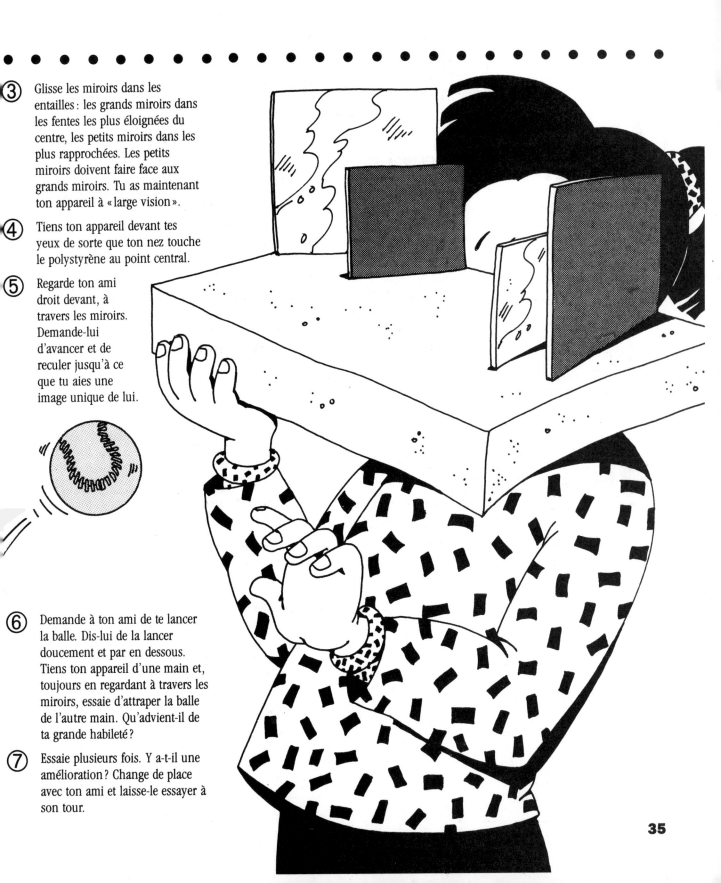

③ Glisse les miroirs dans les entailles : les grands miroirs dans les fentes les plus éloignées du centre, les petits miroirs dans les plus rapprochées. Les petits miroirs doivent faire face aux grands miroirs. Tu as maintenant ton appareil à « large vision ».

④ Tiens ton appareil devant tes yeux de sorte que ton nez touche le polystyrène au point central.

⑤ Regarde ton ami droit devant, à travers les miroirs. Demande-lui d'avancer et de reculer jusqu'à ce que tu aies une image unique de lui.

⑥ Demande à ton ami de te lancer la balle. Dis-lui de la lancer doucement et par en dessous. Tiens ton appareil d'une main et, toujours en regardant à travers les miroirs, essaie d'attraper la balle de l'autre main. Qu'advient-il de ta grande habileté ?

⑦ Essaie plusieurs fois. Y a-t-il une amélioration ? Change de place avec ton ami et laisse-le essayer à son tour.

Qu'est-ce qui se passe?

Une grande part de ton succès à attraper une balle dépend de ton habileté à découvrir où elle est et à quelle vitesse elle vient. Ceci a beaucoup à voir avec la distance qu'il y a entre tes yeux. Chacun de tes yeux envoie une image légèrement différente à ton cerveau. Tu peux voir ces images différentes en pointant ton doigt vers un objet, de l'autre côté de la pièce, puis, sans bouger ton doigt, en fermant tes yeux l'un après l'autre. Vois-tu comme l'objet semble «sauter» par rapport à ton doigt?

En grandissant, tu as appris à comparer les différentes images perçues par chaque œil et à évaluer l'endroit où un objet se situe dans chaque image d'après la position qu'il occupe. C'est une partie importante de ta perception de la profondeur — ton habileté à dire à quelle distance se situe un objet. Lorsqu'un objet que tu regardes se dirige vers toi, tu imagines sa vitesse en comparant les changements des images de tes deux yeux. Une fois que tu connais la position et la vitesse d'une balle qui fonce sur toi, tu sais où ta main peut l'intercepter.

Il faut s'exercer pour réussir. C'est pourquoi les petits enfants ont de la difficulté à attraper une balle.

Comment ta «large vision» t'empêche-t-elle d'attraper la balle? Elle trompe ton cerveau en prêtant attention aux mauvais messages.

Les miroirs de ton appareil à «large vision» apportent à tes yeux la lumière provenant de plusieurs centimètres des deux côtés de leur position normale. C'est presque comme si tes yeux étaient perchés sur des tiges. Mais ton cerveau fait toujours son calcul de profondeur et de vitesse basé sur sa façon normale de voir. Tu obtiens donc une fausse réponse et tu envoies ta main chercher la balle là où elle n'est pas, comme ça arrivait souvent lorsque tu étais petit.

Si tu t'exerces à attraper la balle en regardant à travers ton appareil à «large vision», tu verras ton cerveau à l'œuvre lorsqu'il apprend le nouvel «emplacement» de tes yeux et qu'il ajuste ses calculs. Mais qu'arrive-t-il lorsque tu cesses de regarder à travers ton appareil et que tu retournes à ta vision normale? Est-ce aussi long pour te réhabituer?

SOUFFLE DANS LE VENT

Tu veux gagner un pari? Essaie ceci avec quelqu'un qui se croit bon.

Il te faut:
- une feuille de papier
- une bouteille vide — boisson gazeuse, jus, etc.
- une table, un comptoir ou n'importe quelle surface plane
- un ami

① Déchire un morceau de papier et fais-en une boulette assez petite pour qu'elle puisse passer par le goulot de la bouteille.

② Couche la bouteille sur le côté et penche-la pour que l'ouverture repose sur la table. Place la boulette de papier à quelques centimètres devant le goulot de la bouteille.

③ Mets ton ami au défi de souffler la boulette de papier dans la bouteille.

④ Facilite l'expérience en mettant la boulette de papier juste devant le goulot de la bouteille et demande à ton ami d'essayer de nouveau.

Qu'est-ce qui se passe?

Qu'arrive-t-il à ton ami qui se pense si bon? Pourquoi ne peut-il même pas souffler sur une minuscule boulette de papier pour la faire pénétrer dans une bouteille vide? Ah! il y a un truc! Il le pourrait si la bouteille était vide. Mais celle que tu as est pleine... d'air! Lorsque ton ami souffle vers l'ouverture, il pousse encore plus d'air dans la bouteille et puisqu'elle en est déjà pleine, il y a de l'air qui sort. Cet air qui en ressort pousse la boulette de papier sur les côtés.

SECTION TROIS

SCIENCE

EXPRESS

JOUE AVEC LA NOURRITURE

Ces expériences ne te couperont pas l'appétit, mais elles te permettront de satisfaire ta curiosité. Tu trouveras tous les ingrédients nécessaires pour réaliser ces expériences scientifiques dans le réfrigérateur ou dans l'armoire de cuisine.

PREMIER ARRIVÉ!

La prochaine fois que tu mangeras un bol de soupe, pose-toi cette question : « Laquelle se consomme le plus rapidement, la crème aux champignons ou le bouillon de poulet ? » Si tu les manges, la réponse est facile — tu peux avaler d'un coup le bouillon de poulet, mais tu dois prendre le temps de mastiquer tous ces champignons. Par contre, si tu laisses la soupe dans les boîtes, laquelle est la plus rapide ?

Il te faut :

- **une planche de 1 m de long et assez large pour y déposer deux boîtes de conserve côte à côte (fond à fond)**
- **des livres ou des briques**
- **une boîte de crème aux champignons (de soupe aux pois ou d'une autre soupe épaisse)**
- **une boîte de même grosseur de bouillon de poulet (de consommé ou de bouillon de boeuf)**

① Fabrique une pente en appuyant une extrémité de la planche sur une pile de livres ou de briques.

② Tiens les deux boîtes de conserve sur leur côté au sommet de la pente pour qu'elles puissent rouler côte à côte.

③ Lâche les deux boîtes de conserve en même temps. Laquelle gagne la course ? Est-ce toujours la même qui gagne ?

④ Essaie avec différentes sortes de soupes. Y a-t-il une constante dans les variétés victorieuses ?

Qu'est-ce qui se passe ?

Pour avoir une idée de ce qui se passe dans les boîtes de conserve, il te faut un bocal de verre vide avec un couvercle qui ferme hermétiquement. Remplis le bocal à moitié avec de l'eau, referme le couvercle et fais rouler le bocal en bas de la pente comme tu l'as fait avec les boîtes de conserve. L'eau repose au fond du bocal, sur la paroi, et descend alors que le bocal tourne autour.

C'est ce qui arrive à l'intérieur d'une boîte de soupe claire. Il n'y a que la boîte qui tourne ; le liquide ne fait que descendre. La soupe épaisse, cependant, tourne *avec* la boîte. Lorsque tu places les boîtes de soupe au sommet de la pente, elles ont toutes deux le même potentiel d'énergie. Cependant, ça prend plus d'énergie pour faire rouler la boîte et la soupe épaisse que la boîte toute seule. Donc la boîte de soupe liquide démarre plus rapidement.

41

ÇA ÉCLATE!

Tu as sûrement déjà vu le genre d'«homme fort» qui, d'une main, écrase sa canette vide de boisson gazeuse aussitôt la dernière goutte avalée. Mais tu n'es pas très impressionné. Après tout, une canette, ça n'est pas si dur! Ou peut-être que oui?

Il te faut:
- **une canette de boisson gazeuse vide en aluminium, sans aucune bosse ou écorchure (pour vérifier si une canette est en aluminium, essaie d'y coller un petit aimant — ceux qu'il y a sur ton réfrigérateur; l'aluminium n'est pas magnétique)**
- **des livres**
- **un ami**
- **un crayon avec une gomme à effacer**

① Dépose la canette debout sur le sol près d'un comptoir, d'une chaise ou d'un mur sur lequel tu peux t'appuyer.

② Monte deux piles de livres aussi hautes que la canette et éloigne-les de plusieurs centimètres de chaque côté de la canette.

③ Tiens-toi debout, un pied sur chaque pile de livres.

④ Prends appui sur le mur (le dossier de la chaise, le comptoir) et dépose un pied sur le dessus de la canette. Assure-toi que ton poids est bien centré.

⑤ Lève ton autre pied pour que tout ton poids repose sur la canette.

⑥ Demande à ton ami de donner un petit coup sur le côté de la canette avec la gomme du crayon.

Qu'est-ce qui se passe?

La canette a beaucoup de résistance sur la longueur, aussi longtemps que la pression est appliquée également aux extrémités et aussi longtemps que ses côtés sont symétriques. Lorsque tu te tiens bien en équilibre sur le dessus de la canette, la pression de ton poids fait bomber tous les côtés de façon égale. Parce que la canette est en métal, elle ne se déchire pas. Et aussi longtemps qu'elle bombe symétriquement, elle continuera à te supporter. Mais dès que tu la frappes et que tu fais une petite bosse, si petite soit-elle, tu as créé un point d'effondrement et la canette rend l'âme dans un grand BANG!

En profondeur

Si tu as déjà vu des films de batailles sous-marines, tu te rappelleras les scènes où des charges massives autour d'un sous-marin avaient raison du submersible sans même le toucher. Un sous-marin, comme ta canette de boisson gazeuse, est une structure dont les parois sont très minces et qui peut conserver sa forme sous la pression sous-marine intense à cause de sa forme symétrique. Tout ce qu'une charge profonde doit faire est d'envoyer une vague de choc d'eau contre le côté du submersible et il s'écrase comme une gigantesque canette de boisson gazeuse.

43

OULÈVE DES POIDS

Lex Luthor, le plus grand cerveau criminel de tous les temps, a finalement eu raison de Superman. L'ayant affaibli avec une bonne dose de kryptonite, Luthor a enseveli le superhéros endormi et l'a recouvert d'un parc de stationnement.

Est-ce la fin de l'homme invincible? Pourra-t-il faire son chemin jusqu'à la surface? Pourquoi pas? Si une plante peut passer à travers le pavé, Superman le peut certainement. Après tout, ça ne prend pas un surhomme pour soulever un poids que même un haricot de Lima peut soulever.

Il te faut:
- **des haricots secs de n'importe quelle sorte, du supermarché ou d'une enveloppe de graines**
- **de l'eau**
- **du papier absorbant**
- **trois soucoupes peu profondes**
- **du papier, du carton léger, du carton épais**

① Fais tremper les haricots secs dans l'eau toute une nuit.

② Dépose plusieurs épaisseurs de papier absorbant au fond de chaque soucoupe et imbibe-les d'eau.

③ Dispose les haricots en une seule couche sur le dessus du papier absorbant. Ils ne doivent pas se toucher.

④ Déchire ou découpe le papier et les cartons en morceaux assez grands pour recouvrir les trois quarts de chaque soucoupe. Dépose le papier sur une

soucoupe, le carton léger sur une autre et le carton épais sur la troisième. Il ne faut pas que les couvercles soient en contact avec le papier absorbant humide car ils se détremperont.

5. Mets les soucoupes à la lumière, là où tu peux les observer, mais pas dans la lumière directe du soleil. Continue d'humidifier le papier absorbant pour que les haricots soient toujours humides. Les haricots germés sont-ils assez forts pour rejeter leur couvercle?

Qu'est-ce qui se passe?

Une plante tente de pousser vers le haut, même si quelque chose la recouvre. Les racines d'une plante drainent l'eau et la transportent jusqu'au sommet par sa tige. L'eau absorbée par les racines remplit chaque cellule de la plante au fur et à mesure de sa croissance. L'eau est un fluide incompressible — ce qui signifie qu'elle ne peut pas être compressée pour occuper un volume plus petit. Ceci, combiné aux parois rigides des cellules, rend les cellules très fortes et donne à la plante le pouvoir de repousser des couvercles pesant beaucoup plus lourd que la petite graine de départ.

Comment une plante peut-elle venir à bout du béton juste avec ses feuilles?

Les plantes cherchent aussi à rejoindre une source de lumière. Même le peu de lumière du jour filtrant à travers une crevasse dans le pavé attirera une plante qui germe dans la terre. Lorsque le sommet de la plante trouve la fente qui lui procure de la lumière, elle s'y faufile. Au fur et à mesure que les cellules du haut de la plante croissent et se remplissent d'eau, elles prennent de plus en plus d'espace dans le béton ou l'asphalte, faisant de la place pour qu'une autre cellule croisse, se remplisse d'eau et fasse elle aussi de l'espace pour une autre cellule, etc. Ainsi, graduellement, la plante croît et se fraye un chemin à travers le pavé.

FAIS LE TEST DE L'ACIDITÉ

Tu as entendu dire que les pluies acides tuaien
les arbres et les lacs. Peut-être t'es-tu imaginé
que c'était comme du vinaigre tombant des
nuages. En fait, les pluies acides ne sont qu'un
tout petit peu plus acides que l'eau ordinaire,
mais la différence est suffisante pour causer de
terribles dommages à l'environnement.

Comment les scientifiques peuvent-ils dire
que la pluie est acide? Découvre-le à l'aide
d'un chou.

Il te faut:
- **un chou rouge**
- **une petite marmite avec un couvercle**
- **de l'eau du robinet**
- **une cuisinière ou une surface de cuisson**
- **un bol**
- **une cuillère de bois ou de plastique**
- **trois verres transparents**
- **une feuille de papier ou du carton blanc**
- **une cuillère à soupe**
- **du vinaigre**
- **du bicarbonate de soude**

(1) Arrache six grosses feuilles de chou et dépose-les dans la marmite. Recouvre-les de 500 mL d'eau et mets le couvercle.

(2) Amène l'eau à ébullition, réduis le feu le plus possible et laisse mijoter pendant 15 minutes.

(3) Éteins le feu, retire la marmite de la cuisinière et enlève le couvercle. Bouche-toi le nez — le chou bouilli ne donne pas sa place!

Laisse refroidir le liquide au moins 15 à 20 minutes, puis verse-le avec précaution dans le bol. À l'aide de ta cuillère de bois, extrais tout le liquide des feuilles de chou et ajoute-le au liquide dans le bol. (Si quelqu'un de ta famille connaît une bonne recette de chou cuit, offre-lui tes feuilles bouillies ; sinon, ajoute-les à ton compost si tu en as.)

Dispose les trois verres côte à côte, contre un mur blanc, ou glisse une feuille de papier ou de carton blanc derrière. Dans un verre, mets trois cuillerées à soupe de vinaigre. Rince la cuillère, puis mets trois cuillerées d'eau dans le second verre. Dans le troisième, mets trois cuillerées d'eau mêlée à une grosse cuillerée de bicarbonate de soude.

⑥ Rince ta cuillère et ajoute une grosse cuillerée de jus de cuisson du chou à chacun des verres. Regarde à travers les verres en utilisant le papier ou le mur comme fond. Continue d'ajouter d'égales quantités de jus de cuisson du chou dans chaque verre jusqu'à ce que tu voies un changement perceptible dans le vinaigre et dans le bicarbonate de soude.

P.S. Qu'arrive-t-il à la couleur si tu ajoutes un peu de vinaigre au verre contenant du bicarbonate de soude ?

47

Qu'est-ce qui se passe?

Le jus de cuisson du chou rouge a la propriété de tourner au rouge lorsqu'un acide lui est ajouté, ou au vert lorsqu'une base (le contraire d'un acide) lui est mélangée. Ce jus et d'autres substances comme lui sont appelés *indicateurs* parce qu'ils indiquent un peu la composition chimique d'autres substances. Cela facilite le travail des scientifiques qui veulent savoir si un produit est acide ou basique — car si on ajoute du jus de cuisson de chou rouge à un produit inconnu et que ce dernier tourne soit au rouge foncé, soit au vert foncé, c'est qu'il est très acide ou très basique; s'il n'y a qu'un léger changement de couleur, c'est que le produit est presque neutre. S'il n'y a aucun changement de couleur, c'est que le produit est neutre, tout comme l'eau.

Avec ton jus de cuisson de chou rouge, fais un test d'acidité avec certains produits qu'il y a chez toi, comme le jus d'orange, par exemple. Mais ce n'est pas toujours commode de le faire avec un verre bien plein — qui voudra le boire lorsqu'il aura changé de couleur? Alors, fabrique des indicateurs colorés.

Il te faut:
- **du papier buvard ou du papier de bricolage épais blanc**
- **du jus de cuisson de chou rouge**
- **une assiette ou un carré de papier sulfurisé assez grand pour contenir ton papier de bricolage**

① Découpe ton papier en bandes de 1 à 2 cm de large et de 5 à 7,5 cm de long.

② Trempe chaque bande dans le jus de cuisson du chou rouge et laisse-la ainsi jusqu'à ce qu'elle soit bien imbibée. Retire la bande et dépose-la dans l'assiette ou sur le papier sulfurisé pour qu'elle sèche.

③ Utilise ton indicateur coloré sec en le trempant dans le liquide que tu veux vérifier. La bande changera de couleur selon l'acidité du liquide que tu testes. Essaie avec du jus d'orange, du lait et ta boisson gazeuse préférée.

Est-ce que le jus de cuisson de chou rouge peut indiquer que les pluies sont acides?

Probablement pas. Le jus de cuisson de chou rouge ne commence à changer de couleur que lorsqu'il est mélangé à quelque chose de plus acide que de l'eau ordinaire. Les pluies acides ne sont pas assez acides — elles ont la même force qu'une goutte de vinaigre mélangée à 100 gouttes d'eau. Mais tente tout de même l'expérience. La prochaine fois qu'il pleuvra, recueille, dans un bol propre, l'eau de pluie avant qu'elle ait touché à quoi que ce soit : arbres, édifices ou autres. Puis, refais ton test avec de l'eau du robinet et du vinaigre pour comparer avec ton eau de pluie, et juge par toi-même.

49

MANGE TES MOTS

Tu veux écrire une lettre spéciale ? Pourquoi pas un petit mot sur du brocoli ? Pas au sujet du brocoli — mais bien sur le brocoli ! Trop bosselé ? Pas si tu le transformes en papier.

Il te faut :

- **un vieux cadre (ou deux de la même grandeur, si tu en as)**
- **un morceau de grillage de nylon ou de fibre de verre un peu plus grand que le cadre**
- **des agrafes, des punaises ou du ruban adhésif imperméable**
- **du vieux papier à lettres**
- **un bol**
- **de l'eau chaude**
- **un mélangeur**
- **de l'eau tiède**
- **du brocoli cru**
- **une cuvette de plastique dans laquelle ton cadre peut tenir**
- **deux torchons ou serviettes de table propres**
- **une table**
- **une éponge**
- **un fer à repasser**

① Enlève soigneusement tout verre de l'un des deux cadres. Tends le grillage sur le cadre vide et fixe-le serré avec tes punaises ou tes agrafes si ton cadre est de bois et avec le ruban adhésif si ton cadre est de métal.

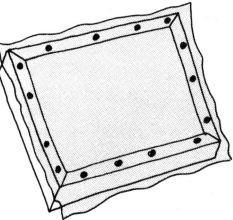

② Prends ton vieux papier et enlève tout ce qui n'est pas papier : plastique, agrafes, etc. Déchire-le en morceaux de 2 cm X 2 cm. Fais-le tremper dans un bol d'eau chaude pendant une demi-heure.

③ Remplis le mélangeur d'eau tiède jusqu'à la moitié. Ajoute une poignée du papier trempé et mélange à vitesse modérée jusqu'à ce que tu ne voies plus le papier. Si le mélange ne s'opère pas bien, éteins le mélangeur, débranche-le et retire un peu de papier. (NE METS PAS ta main dans le mélangeur — prends une cuillère.)

④ Lorsque le papier est bien mélangé, jette quelques bouquets de brocoli dans l'appareil. Mélange de nouveau jusqu'à ce que le brocoli soit bien incorporé. Tu as maintenant de la pulpe.

⑤ Remplis ta cuvette d'eau tiède jusqu'à la moitié. Verse ta pulpe dans la cuvette et mélange le tout. Plus il y a de pulpe dans l'eau, plus ton papier sera épais.

⑥ Dépose un torchon sur la table.

⑦ Le cadre grillagé est le moule duquel tu tireras ton papier. Tiens ton moule, *avec le grillage sur le dessus*, à deux mains (une de chaque côté) et trempe-le dans la cuvette. Assure-toi qu'il y a un peu de pulpe sur le grillage, puis

retire le moule de l'eau. Agite doucement le cadre d'avant en arrière pour distribuer régulièrement la pulpe sur le grillage.

⑧ Lorsque l'eau s'est égouttée du grillage, dépose le cadre sur le torchon, côté grillage en dessous. Prends l'éponge pour enlever l'excès d'eau derrière le grillage.

⑨ Soulève doucement le cadre, en commençant par un coin et en l'éloignant du torchon à vaisselle. Le papier au brocoli devrait rester sur le torchon.

⑩ Pour faire sécher le papier rapidement, recouvre-le d'un autre torchon et repasse-le à température moyenne sèche. Lorsque le torchon du dessus est sec, tire doucement sur les deux côtés pour l'étirer — ceci l'aide à se détacher du papier.

⑪ Retire le papier des torchons et laisse-le reposer sur une surface plane jusqu'à ce qu'il soit entièrement sec.

⑫ Utilise ton papier pour écrire à quelqu'un qui aime beaucoup les légumes.

Qu'est-ce qui se passe?

Le papier sur lequel tu écris ordinairement, comme le papier de ce livre, est fait à partir du même procédé de base que celui que tu viens d'employer. Dans les papeteries, cependant, les arbres sont la matière première qui est broyée pour en faire de la pulpe. Ce sont les fibres dans le brocoli et les arbres (et les autres plantes) qui s'entortillent pour faire le papier. Dans le recyclage, le vieux papier est réutilisé pour faire du papier neuf, comme tu l'as fait. Le recyclage va sauver nos arbres qui nous procurent l'oxygène nécessaire pour respirer au lieu de petits carnets de notes sur lesquels on gribouille.

À quoi servait l'autre cadre (si tu en avais un)?

Tu peux te servir de l'autre cadre pour t'aider à donner des bordures plus droites à ton papier. Retire soigneusement tout le verre et dépose le cadre vide sur le dessus du moule. Tiens les deux cadres ensemble pendant que tu secoues la pulpe. Retire ensuite le cadre vide avant d'enlever le papier du moule.

RECYCLE LES ÉPLUCHURES

As-tu déjà nettoyé les pommes de terre pour le dîner? Tu laves d'abord la peau, puis tu enlèves les «yeux», ces petites pousses qui émergent de la surface. Et tu jettes tout cela

Mais, attends un peu! Pourquoi les jettes-tu? As-tu déjà entendu parler de recyclage? Les yeux des pommes de terre font partie du système de recyclage de la nature. Chacun de ces yeux est la graine d'un nouveau plan de pommes de terre.

Tu n'as peut-être pas d'espace pour surveiller le sol et voir grandir de gros plant qui te donneront de nouvelles pommes de terre. Mais tu peux apprécier un beau jardin intérieur de pommes de terre.

Il te faut:
- un petit pot et une assiette de drainage
- du terreau
- une pomme de terre crue

Remplis le pot de terreau presque jusqu'au bord et tasse-le. Verse de l'eau sur le terreau jusqu'à ce que de l'eau s'écoule par les trous de drainage.

Coupe soigneusement des yeux à ta pomme de terre.

③ Enfonce les yeux de la pomme de terre dans le terreau, à 4 cm de distance.

④ Mets ton pot dans un endroit éclairé et garde le sol humide, mais pas trempé. Surveille la sortie d'une belle plante feuillue.

Un véritable jardin d'épluchures

Essaie de planter la fane d'une carotte, le haut d'une racine de gingembre ou les graines à l'intérieur d'un poivron vert. Ajoute une gousse d'ail, un pépin de pamplemousse et un noyau d'avocat. Tu auras bientôt une pleine casserole de verdure.

RIEN À FAIRE

Bienvenue à notre émission *Il ne faut pas se fier aux apparences*. Mais d'abord, un mot de notre commanditaire.

Êtes-vous fatigué de ne donner que des nourritures ennuyeuses, évidentes et doucereuses à votre cerveau? Pourquoi ne pas vous tourner alors vers l'ooblik?

Plongez dans un grand bol d'ooblik. Même si vous tombez sur le ventre, il n'y a aucun risque d'éclaboussures. Cette merveille qui fond dans les mains est un liquide — non! Un solide — non! Un peu des deux.

Vous le versez et il réagit comme un liquide. Vous le frappez et le voilà solide. Roulez-le entre vos paumes et faites-en une balle qui s'aplatit lorsque vous ne le tenez plus qu'à une main.

Vous adorerez l'ooblik, une mixture qui laissera votre cerveau plein... d'émerveillement.

① Mets un peu de fécule de maïs dans le moule et ajoute un peu d'eau. Mélange.

② Continue d'ajouter de la fécule de maïs ou de l'eau, un peu à la fois, jusqu'à ce que ton mélange ressemble à de la mayonnaise. C'est de l'ooblik.

③ Fais-en suffisamment pour couvrir le fond de ton moule de 1 à 2 cm.

xpérience 1

① Montre ton moule d'ooblik à une amie. Promène ton doigt dedans, puis prends-en une pleine poignée que tu laisseras retomber dans le moule pour prouver à ton amie qu'il s'agit bien d'un liquide.

Expérience 2

① Prends une poignée d'ooblik.

② Roule-le entre tes paumes, comme tu le ferais avec de la pâte à modeler. Roule-le jusqu'à ce que tu obtiennes une boule, puis regarde entre tes mains en continuant de rouler. Si tu ne réussis pas à faire une boule, c'est que ton ooblik est trop clair. Ajoute un peu de fécule de maïs et essaie de nouveau.

③ Cesse de rouler et enlève ta main qui se trouve au-dessus. Qu'arrive-t-il à la boule ?

Expérience 3

① Mets du papier journal (ou un autre revêtement) sur le plancher.

② Fais une autre boule d'ooblik.

③ Lance-la fortement sur le papier. Que se passe-t-il ?

② Dis à ton amie de regarder le moule de près. Lorsque ton amie se penche au-dessus du moule, lève la main et laisse-la retomber à plat, de toutes tes forces, dans l'ooblik.

③ Lorsque ton amie aura fini de te crier après parce que tu as voulu l'éclabousser, regarde si elle a vraiment reçu des éclaboussures.

Expérience 4

① Touche la surface de l'ooblik dans le moule. Est-elle humide ou sèche ?

② Façonne l'ooblik en boule en le serrant dans tes mains. La surface est-elle humide ou sèche ?

55

Encore plus sur l'ooblik

① Écris ton nom en traçant les lettres dans l'ooblik.

② Fais une balle ou une boule d'ooblik. Peux-tu la séparer en deux ?

Être au-dessus de tout

Il te faut :
- **un très grand contenant, d'au moins 30 cm de large sur 60 cm de long et 15 cm de profondeur environ (tu peux t'en fabriquer un en coupant les côtés d'une grosse boîte de carton et en recouvrant le fond de plastique)**
- **beaucoup de papier pour couvrir le plancher**
- **beaucoup de fécule de maïs (plusieurs boîtes)**
- **de l'eau**
- **des amis pour t'aider**
- **des chaussures colorées aux semelles propres (essuie-les avec des chiffons ou du papier absorbant)**

① Dépose le contenant sur le plancher. Fais assez d'ooblik pour remplir le contenant d'au moins 2,5 cm. Le mélange doit être assez épais. Tu auras besoin de quelques amis pour t'aider à mélanger.

② Mets des chaussures ayant des semelles propres.

③ Appuie-toi contre un de tes amis et saute dans le contenant d'ooblik.

Marches-tu *dans* l'ooblik ou *à la surface* de l'ooblik ?
(Regarde les côtés de tes chaussures avant de répondre.)

Qu'est-ce qui se passe?

Lorsque tu mélanges la fécule de maïs et l'eau, tous les petits grains de fécule se séparent et flottent librement dans l'eau à égale distance les uns des autres. Plus tu ajoutes de la fécule de maïs, plus les grains se rapprochent et, lorsque l'ooblik atteint la consistance idéale, les grains sont entassés, mais ils demeurent à égale distance les uns des autres.

Si tu agites lentement la préparation, comme lorsque tu mélanges ou que tu verses l'ooblik, les grains de fécule conservent leur distance et ils glissent joyeusement l'un à côté de l'autre, faisant ressembler le mélange à un liquide. Mais si tu agites rapidement le mélange (comme lorsque tu le frappes) ou que tu y mets une grande pression (comme lorsque tu le presses), les grains se collent, comme dans un solide.

Pourquoi l'ooblik semble-t-il sec lorsque tu en fais une boule? Lorsque aucune pression n'agit sur l'ooblik et que les grains sont également espacés, l'eau en recouvre toutes les surfaces. Mais lorsque tu le tasses, tu mélanges les grains et ils occupent alors un plus grand espace. (Pense à la façon dont les dominos s'empilent d'une manière ordonnée lorsque tu les ranges dans leur boîte, et comment il est impossible de tous les rentrer dans la boîte lorsqu'ils sont pêle-mêle.) Lorsque tous les grains d'amidon sont mélangés, il y a beaucoup d'espace entre eux. Cela laisse plus d'espace à l'eau de surface à l'intérieur des grains entassés et la surface semble sèche. Tu obtiens la même sensation en marchant sur du sable humide. Regarde tes empreintes la prochaine fois que tu iras à la plage.

Y a-t-il autre chose qui agit parfois comme un solide, parfois comme un liquide? (La fonte et la congélation ne comptent pas.) Pense au caramel. Une barre de caramel pliera sous une pression lente et constante. Par contre, si tu la plies soudainement, elle se brisera. Et la margarine? Elle a l'air bien solide dans son pot, mais si tu la laisses en dehors du réfrigérateur, elle «coulera» lentement.

Les formations rocheuses se comportent de la même façon. Après avoir subi, pendant des millions d'années, une lente pression, elles se plient, mais sous une pression subite, comme lors d'un tremblement de terre, elles se lézardent.

Ce que tu ne dois pas faire avec ton ooblik

Tu ne dois pas en verser dans un tuyau d'écoulement.

Ne nettoie pas tes contenants dans le lavabo.

N'en verse pas dans les toilettes.

Ne le rinse pas dans l'évier de la buanderie.

Il formera un bouchon solide et bloquera le tuyau.

Laisse-le sécher (cela prendra toute une nuit ou quelques jours, selon la quantité que tu as faite) puis jette-le à la poubelle.

57

DES IDÉES GONFLÉES

Tu peux sûrement conduire ta bicyclette «sans tes mains», mais peux-tu gonfler un ballon «sans ta bouche»?

Il te faut :
- **50 mL de vinaigre**
- **une petite bouteille de jus, vide**
- **2 c. à soupe de bicarbonate de soude**
- **une paire de mains supplémentaire**
- **un petit ballon dont le col peut recouvrir le goulot de ta bouteille**

① Verse le vinaigre dans la bouteille.

② Verse avec précaution le bicarbonate de soude dans le ballon. (C'est là que tu as besoin de mains supplémentaires.)

③ Étire le col du ballon sur le goulot de la bouteille de façon à ce que le bicarbonate de soude ne se déverse pas dans la bouteille.

④ Lorsque le col est bien ajusté sur le goulot, soulève le ballon pour que le bicarbonate tombe dans la bouteille. Secoue bien le ballon pour que tout le bicarbonate aille dans la bouteille.

⑤ Lâche tout et recule-toi.

Qu'est-ce qui se passe?

Le produit qui gonfle ton ballon est le même que celui qui rend les gâteaux et les muffins légers et moelleux — c'est du gaz carbonique. Deux sortes de substances chimiques — les acides et les bases — se combinent souvent pour produire du gaz carbonique. Dans ton ballon-volcan, l'acide est le vinaigre et la base, le bicarbonate de soude. Dans un gâteau, le bicarbonate de soude est habituellement la base et l'élément acide est quelquefois un ingrédient comme du jus de citron. Il arrive aussi que la poudre à pâte soit combinée avec du bicarbonate de soude. Lorsque tous les ingrédients sont mélangés dans un gâteau, le gaz carbonique qu'ils produisent relâche des milliers de petites bulles dans le mélange. La prochaine fois que tu mordras dans une portion de gâteau, regarde bien sa structure interne; tu y verras plein de petites bulles.

ÇA S'ENTEND

Fais plaisir à tes oreilles.

Fais-les trépider, fais-leur écouter

les sons les plus excitants, agace-les avec des

bruits étranges. Sois tout ouïe dans les

six prochaines expériences.

ÇA VIENT DE PARTOUT

Il te faut:
- un tube en plastique qui peut recouvrir le bec des entonnoirs
- deux entonnoirs en plastique de la même taille
- un ami ou un autre bruiteur

Regarde-toi dans un miroir. Qu'est-ce qui dépasse de chaque côté de ta tête? Tu peux les gratter, les décorer et même oublier de les laver. Et quoi d'autre encore? Pourquoi ne pourrais-tu pas simplement avoir deux trous que tu cacherais sous tes cheveux pour entendre?

Tu le pourrais effectivement. Les oiseaux en ont, eux, (mais ils lissent leurs plumes par-dessus). Si tu surveilles bien un oiseau, tu remarqueras qu'il bouge et agite continuellement la tête. Les oiseaux doivent tourner toute la tête pour capter les sons venant de différentes directions.

Les oreilles qui sont apparentes chez les humains sont directionnelles. Leur forme, en entonnoir, leur permet de capter les sons qui viennent d'en avant et des côtés. Les animaux, qui comptent plus sur leur ouïe que les humains, ont des oreilles qui peuvent pivoter. Ils peuvent donc entendre les sons qui proviennent de toutes les directions. Voici une façon de vérifier comment ça fonctionne.

Coupe deux morceaux du tube en plastique assez longs pour que tu puisses les tenir dans ta main et qu'un petit bout en dépasse.

Fixe un bout de chaque tube sur la petite ouverture de chaque entonnoir.

En tenant un entonnoir dans chaque main, introduis le bout libre du tube dans tes oreilles comme s'il s'agissait des écouteurs de ton baladeur. Attention de ne pas pousser les tubes trop fort ou trop loin dans tes oreilles.

④ Demande à quelqu'un de se tenir derrière toi et de chuchoter (ou utilise un appareil de radio en mettant le volume très bas). Pointe tes oreilles-entonnoirs vers l'avant, puis vers le bruit à l'arrière. Perçois-tu une différence?

⑤ Demande à ton ami de se déplacer derrière toi et de chuchoter de différents endroits. Utilise tes oreilles-entonnoirs pour localiser l'emplacement de ton ami. Est-ce plus facile de le faire avec tes entonnoirs ou avec tes oreilles seulement?

Des oreilles pivotantes

Il te faut :
- **des tubes en plastique souple**
- **deux entonnoirs**
- **du ruban adhésif**
- **un morceau de tissu qui peut faire le tour de ta tête**
- **deux amis**

① Coupe deux bouts de tube assez longs pour aller d'une oreille à l'autre, en passant par-dessus ta tête.

② Fixe les tubes aux entonnoirs.

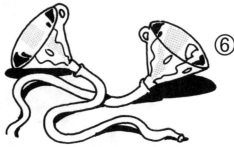

③ Insère les bouts libres des tubes dans tes oreilles comme pour l'expérience précédente. Parce que les tubes sont plus longs et que tu vas bouger beaucoup, ils peuvent tomber de tes oreilles. Essaie de les fixer avec du ruban adhésif.

④ Croise les tubes au-dessus de ta tête de façon à ce que les entonnoirs soient du côté opposé à l'oreille à laquelle ils sont attachés. Fixe les tubes en place à l'aide du morceau de tissu que tu serres autour de ta tête. Tiens chaque entonnoir devant l'oreille qui lui est opposée.

⑤ Demande à tes amis de te parler à tour de rôle. Dis-leur de déguiser leur voix et de mettre leurs mains devant leur bouche pour que tu ne puisses pas les voir parler. Comment peux-tu identifier celui qui parle ? Demande maintenant à tes amis de marcher tout en parlant.

⑥ Garde tes oreilles croisées et promène-toi dans la maison lorsqu'il y a beaucoup de bruit pour voir tout l'effet que ça fait d'entendre de directions opposées. T'améliores-tu dans la découverte des sons ?

Qu'est-ce qui se passe?

Le son voyage en ondes de pression à partir de sa source, un peu comme les vagues qui s'éloignent d'une pierre que tu viens de jeter à l'eau. Lorsqu'une onde de pression entre dans le pavillon de ton oreille, la forme de ton oreille la guide à ton oreille interne, là où elle crée, sur ton tympan, des vibrations que ton cerveau interprète comme un son. Grâce à ton expérience de vie, ton cerveau a appris à savoir d'où vient un son d'après l'oreille qui l'entend la première ou le plus fort.

Il est facile d'évaluer la direction d'un son qui ne vient que d'un côté. Les sons qui viennent d'en avant sont aussi faciles à déceler parce que tes oreilles sont dans la même direction que ta figure et parce que tes yeux aident aussi à déterminer l'origine du son. Mais tes oreilles-entonnoirs ne travaillent pas aussi bien lorsque les sons arrivent de loin ou d'en arrière, et tu as dû remarquer que, tout comme les oiseaux, tu dois tourner et bouger ta tête pour entendre.

Lorsque tu croises les tubes au-dessus de ta tête, les sons arrivent aux oreilles opposées. Mais ton cerveau juge toujours d'après les règles normales: le son est plus fort sur la gauche, la source doit être sur la gauche. Même si tu sais que tes oreilles sont interverties, il faut un peu de temps pour que le «pilote automatique» du centre de l'ouïe de ton cerveau se rende compte que les choses ont changé et commence à interpréter la direction des sons à l'aide de la nouvelle information reçue.

ÉMETS DES SONS GUTTURAUX

As-tu déjà souffert de borborygmes ? Non ? Ça viendra sûrement bientôt. Tu seras au milieu d'un groupe de personnes lorsque, soudain, tu entendras un bruit qui ressemble au grognement d'un animal traqué. Tout le monde se tournera vers toi et regardera ton ventre. Les borborygmes (le vrai nom pour les gargouillements d'estomac) auront fait une autre victime.

Mais attends une minute. Qu'est-ce qui fait ce bruit ? Comment ton estomac fait-il cela ? Tes mains peuvent t'aider à comprendre ce phénomène.

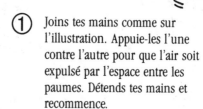

① Joins tes mains comme sur l'illustration. Appuie-les l'une contre l'autre pour que l'air soit expulsé par l'espace entre les paumes. Détends tes mains et recommence.

② Continue d'appuyer et de relâcher jusqu'à ce que tu entendes un claquement. Avec un peu de pratique, tu peux produire des tas de bruits affreux. (Tes mains doivent transpirer un peu avant de pouvoir produire de tels sons. Un peu de salive peut accélérer le processus.)

Qu'est-ce qui se passe ?

Ton estomac et tes intestins possèdent des muscles très puissants. Ils peuvent broyer les aliments en les pressant, de la même façon que tu écrases de la pâte à modeler en appuyant dessus. Mais lorsque ton estomac est vide, et que tu penses à manger — et souvent lorsque ton corps pense que c'est le temps de manger — les muscles de ton estomac commencent leur travail de broyage même si ce dernier ne contient que de l'air. Quand l'air est pressé d'un côté à l'autre, il produit un bruit semblable à celui que faisaient tes mains.

Les sons voyagent en vibrations à travers ta paroi abdominale et jusque dans la pièce où tu te trouves... au moment où quelqu'un dit: «Silence, s'il vous plaît.»

UN ROCK CHAUD

As-tu déjà perçu de bonnes vibrations en écoutant de la musique? Ce n'est pas surprenant, parce que la musique est faite de vibrations.

Jetons un peu de lumière sur la façon dont la musique parvient à tes oreilles.

Il te faut:
- **une source de musique (radio, enregistreuse, tourne-disque, etc.) avec les haut-parleurs mobiles**
- **une bougie et la permission de l'allumer**
- **un petit bougeoir**
- **une allumette ou un briquet et la permission de t'en servir**

① Dispose les haut-parleurs face à face, à 30 cm de distance.

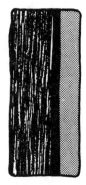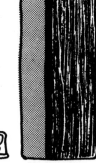

② Place la bougie dans son bougeoir, à égale distance entre les haut-parleurs. Le haut de la bougie doir être entre les haut-parleurs et ne pas les dépasser. Si la bougie est trop longue, trouves-en une plus courte ou un plus petit bougeoir, ou soulève les haut-parleurs en les plaçant sur des livres.

③ Allume la bougie.

④ Fais jouer la musique que tu préfères en mettant le volume au maximum. Observe la flamme de la bougie.

⑤ Si tu peux modifier les basses et les aigus, essaie de les mettre au maximum puis au minimum. Comment réagit la flamme? Si la radio est allumée, la flamme répond-elle simplement aux voix, lorsque le commentateur ou l'animateur parle?

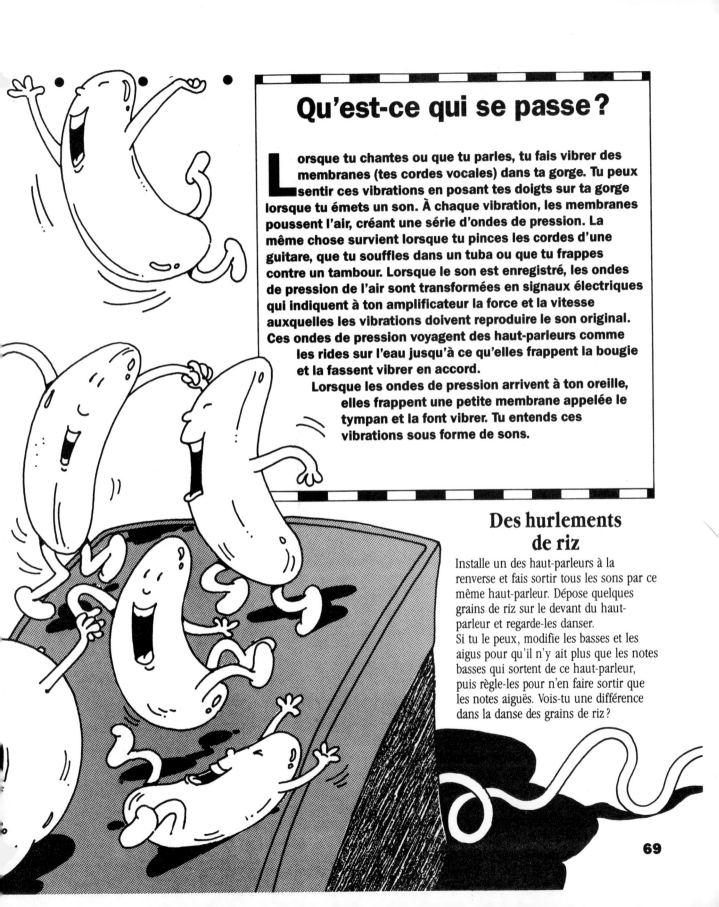

Qu'est-ce qui se passe ?

Lorsque tu chantes ou que tu parles, tu fais vibrer des membranes (tes cordes vocales) dans ta gorge. Tu peux sentir ces vibrations en posant tes doigts sur ta gorge lorsque tu émets un son. À chaque vibration, les membranes poussent l'air, créant une série d'ondes de pression. La même chose survient lorsque tu pinces les cordes d'une guitare, que tu souffles dans un tuba ou que tu frappes contre un tambour. Lorsque le son est enregistré, les ondes de pression de l'air sont transformées en signaux électriques qui indiquent à ton amplificateur la force et la vitesse auxquelles les vibrations doivent reproduire le son original. Ces ondes de pression voyagent des haut-parleurs comme les rides sur l'eau jusqu'à ce qu'elles frappent la bougie et la fassent vibrer en accord.

Lorsque les ondes de pression arrivent à ton oreille, elles frappent une petite membrane appelée le tympan et la font vibrer. Tu entends ces vibrations sous forme de sons.

Des hurlements de riz

Installe un des haut-parleurs à la renverse et fais sortir tous les sons par ce même haut-parleur. Dépose quelques grains de riz sur le devant du haut-parleur et regarde-les danser.

Si tu le peux, modifie les basses et les aigus pour qu'il n'y ait plus que les notes basses qui sortent de ce haut-parleur, puis règle-les pour n'en faire sortir que les notes aiguës. Vois-tu une différence dans la danse des grains de riz ?

CHANTE SOUS LA PLUIE

Qu'est-ce que tout le monde fait sous la douche ou dans la baignoire? Un indice... c'est la chose la plus commune qui n'a rien à voir avec l'eau et le savon.

Il te faut:
- **une baignoire fermée avec ou sans douche**

① Entre dans la baignoire ou dans la douche. Il n'est pas nécessaire que tu sois dévêtu et que tu te laves, mais ça te mettrait dans le ton. Un petit canard en caoutchouc va aussi t'inspirer.

② Ferme le rideau de douche ou ferme la porte.

③ Chante. Choisis une mélodie où il y a différentes notes, des basses et des hautes.

④ Écoute. Tu es bon, n'est-ce pas? Mais quelles notes sont les plus fortes, les sons les plus pleins?

⑤ Ouvre le rideau ou la porte et chante de nouveau. Essaie encore une fois lorsque tu es au milieu de la salle de bains. Chantes-tu aussi bien que lorsque tu étais dans la baignoire?

⑥ La prochaine fois que tu iras ailleurs, essaie de chanter dans la baignoire. (À moins que quelqu'un d'autre y soit déjà!) Est-ce que tu obtiens d'aussi bonnes notes que lorsque tu es dans ta baignoire?

Qu'est-ce qui se passe?

Pour produire un bruit, un objet (comme les minces membranes appelées cordes vocales qui sont situées dans ta gorge) doit vibrer. En vibrant, il expulse l'air en ondes. Pour voir un peu à quoi ressemble une onde sonore, tiens un bout de corde dans une main (du poids d'une corde à sauter) et secoue ta main de haut en bas. Agite ta main lentement et tu auras une grande vague le long de la corde; agite-la rapidement et plusieurs petites vagues la parcourront. Si ta main qui bouge était un objet qui vibre, comme tes cordes vocales, une corde de guitare ou un triangle, la longue vague serait une note basse et les courtes vagues, des notes aiguës.

Lorsque tu chantes, tu entends une partie des sons à travers les os de ton crâne, mais une partie de ce que tu entends sont tes propres ondes sonores qui rebondissent des surfaces qui t'entourent. Plus il y a de surfaces différentes — meubles, cadres de portes, objets suspendus au mur — plus les sons se dispersent et les «vagues» meurent. Mais si tu es entouré de murs unis et plats — comme les murs à l'intérieur de la douche — et qu'il n'y a que toi dans la pièce, alors le son rebondit dans un mouvement de va-et-vient, pour s'amplifier et donner ce beau son qui résonne.

Les ondes sonores, tout comme les vagues sur ta corde, sont de différentes longueurs, selon la note. Les gens peuvent entendre des ondes sonores de 2 cm à 8 m de long. Quelques-unes s'ajustent parfaitement dans l'espace dans lequel tu te trouves. Plus elles s'ajustent bien, plus tu ressembles à un vrai chanteur d'opéra.

RÔDE PAR-CI PAR-LÀ

Lorsque tu te promènes sans but, n'entends-tu rien d'inhabituel ? Voici une façon de t'assurer de tout entendre.

Il te faut :
- **une ficelle**
- **un cintre métallique**

① Coupe deux bouts de ficelle assez longs pour aller de ton oreille à ta taille et pour faire un nœud.

② Attache chaque ficelle à la base du cintre, comme sur l'illustration.

③ Laisse pendre le cintre au bout des ficelles et frappe-le contre quelque chose de dur. Entends-tu quelque chose ?

④ Appuie les extrémités des ficelles contre ta tête, à côté de tes oreilles et frappe de nouveau le cintre contre le même objet. Maintenant, qu'est-ce que tu entends ?

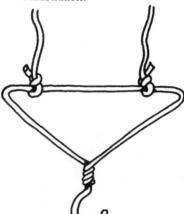

Qu'est-ce qui se passe ?

Frapper un objet fait vibrer le cintre. Ces vibrations agitent les molécules de l'air, qui à leur tour frappent d'autres molécules et ainsi de suite, produisant une onde de pression qui s'étend dans l'air. Si cette onde de pression se rend à ton oreille et frappe ton tympan, ce dernier et les petits os de l'oreille interne vont vibrer comme le cintre le fait. Ton cerveau perçoit ces vibrations sous forme de sons.

C'est de cette façon que le son voyage lorsque tu laisses pendre le cintre. Mais les molécules de l'air sont plus dispersées. Ça demande une poussée plus forte pour propulser une molécule suffisamment loin pour qu'elle heurte une autre molécule et, puisque chaque coup utilise un peu de l'énergie de l'onde, il n'y en aura bientôt plus assez pour continuer. Puisque le cintre ne vibre déjà pas beaucoup, son onde sonore ne se rendra probablement pas à ton oreille.

Mais les vibrations du cintre passent aussi dans les ficelles, dans lesquelles les molécules sont beaucoup plus rapprochées que dans l'air. Les ondes restent fortes plus longtemps et vont plus loin. Lorsque tu appuies les ficelles contre ta tête, les vibrations voyagent facilement à travers les ficelles et à travers les os de ton crâne jusqu'aux petits os derrière ton tympan.

Modifier la longueur d'une corde de guitare ou de violon permet de produire un son plus haut ou plus bas. Cela s'applique-t-il aussi aux ficelles qui tiennent le cintre ? Fais-en l'expérience.

FABRIQUE DES ONDES

La foule est en délire, les battements de tambour se font entendre, les projecteurs s'arrêtent sur toi. Grattant les cordes de ton synthétiseur électronique, tu en tires les sons d'une guitare, ceux d'un cor et même des sons qui semblent venir de l'espace. L'auditoire est survolté et... l'animateur passe une annonce publicitaire. Tu ouvres les yeux et tu jettes un regard au poste de radio que tu tiens. Comme tu aimerais avoir un synthétiseur! Mais sans le savoir, tu en possèdes peut-être déjà une partie. Prends cette radio, par exemple...

Il te faut:
- **deux postes de radio portatifs AM**

① Apporte les appareils à l'extérieur, loin des autres appareils électriques et des fils électriques ou téléphoniques.

② Rapproche les deux appareils, sans les faire se toucher. Ils peuvent être côte à côte ou dos à dos. Essaie les deux façons.

Allume une radio, règle son volume à moyen et règle-la de sorte qu'elle soit entre deux stations.

⑤ Lentement et patiemment, fais la syntonisation du second appareil jusqu'à ce que tu entendes la première radio siffler. Puis, ajuste les deux appareils jusqu'à ce que

⑥ Promène ta main au-dessus et autour des côtés de l'appareil de radio silencieux. Qu'arrive-t-il au sifflement de l'autre radio? Si tu passes ta main entre les deux appareils tu pourras obtenir de meilleurs résultats.

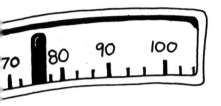

Allume le second appareil et règle le volume au minimum.

tu obtiennes le sifflement le plus bas possible.

Qu'est-ce qui se passe?

Les signaux de radio voyagent dans l'espace sous forme d'ondes invisibles. Les postes de radio reçoivent non seulement ces ondes, mais ils transmettent aussi de faibles signaux qui leur sont propres. Le sifflement qu'émet le premier poste de radio est le son des ondes radio qui proviennent de l'autre appareil.

Lorsque tu passes ta main autour du poste de radio transmetteur, tu crées une interférence entre les ondes qu'il émet et tu en raccourcis quelques-unes. Plus une onde est courte, plus le son produit est élevé.

Un des premiers synthétiseurs électroniques s'appelait thérémine et produisait des sons un peu comme le font tes deux postes de radio. Il était cependant plus sensible, et les gens pouvaient en tirer des sons mélodieux et inhabituels.

SECTION CINQ
SCIENCE
EXPRESS

ENCORE DU PLAISIR

Qu'est-ce que le faisceau lumineux d'une lampe, les beignets qui voyagent dans l'air, les taches solaires et les synthétiseurs peuvent avoir en commun? Pas grand-chose, sauf que dans cette section ils vont tous servir à t'amuser.

RETROUVE TON CHEMIN

Ce labyrinthe t'intrigue-t-il? Il peut te falloir un certain temps avant de retrouver ton chemin à l'aide de tes doigts ou d'un crayon mais tu peux le faire à la vitesse de la lumière.

Il te faut:
- **une lampe de poche avec un faisceau puissant et étroit**
- **un morceau de carton ou un calepin que tu peux tenir droit**
- **trois miroirs de poche**

1. Dépose la lampe de poche sur le côté, comme sur l'illustration du labyrinthe, et allume-la.

2. Fais un écran à la ligne d'arrivée avec ton carton ou ton calepin pour apercevoir la lumière lorsqu'elle la touchera.

3. À l'aide des trois miroirs de poche, dirige le faisceau de lumière à travers le labyrinthe.

Pour te guider

La lumière voyage toujours en ligne droite. Elle est réfléchie par un miroir (ou toute autre chose brillante) dans le même angle que celui dans lequel elle arrive. Projette un faisceau de lumière dans un miroir et il revient par le même chemin. Dirige-le vers un miroir, avec un certain angle, et il se réfléchit dans le même angle dans la direction opposée.

La solution au labyrinthe se trouve à la page 95.

UN PEU D'ÉQUILIBRE

Te rappelles-tu la dernière fois que tu as marché en équilibre sur un billot de bois ou sur le bord du trottoir? Comment as-tu réussi à garder ton équilibre? En étendant tes bras de chaque côté! Essaie de faire tenir une règle en équilibre sur ton doigt. Pour rester en place, elle doit reposer sur un point à égale distance des deux extrémités, vrai? Mais peux-tu faire tenir quelque chose qui repose seulement sur un côté?

Il te faut:

- **deux fourchettes identiques**
- **des cure-dents (ceux dont les côtés sont plats comme celui-ci)**
- **un verre**
- **une allumette ou un briquet et la permission de l'utiliser**
- **un ami à qui montrer le truc une fois que tu sauras le faire**

① Tiens une fourchette dans chaque main, les dents se faisant face et penchées dans le même sens.

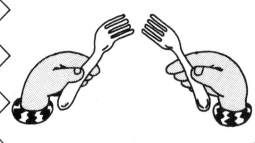

② Glisse les dents les unes dans les autres.

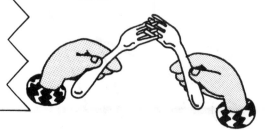

③ Fais passer le bout large du cure-dents dans un espace au milieu des dents entrelacées, de sorte que le cure-dents dépasse de toute sa longueur à l'intérieur de la courbe formée par les fourchettes.

Ajuste le cure-dents jusqu'à ce que tu puisses l'attraper par la pointe et tenir les fourchettes à l'horizontale. Tu réussiras après quelques tâtonnements et quelques cure-dents brisés.

④ En tenant toujours la pointe du cure-dents, dépose le milieu du cure-dents sur le rebord du verre, les fourchettes à l'extérieur. Glisse le cure-dents d'avant en arrière sur le rebord jusqu'à ce que tu trouves le point d'équilibre. (Note : le centre de gravité est probablement plus près de la pointe du cure-dents que tu ne le crois.)

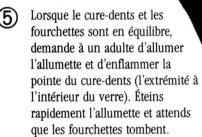

⑤ Lorsque le cure-dents et les fourchettes sont en équilibre, demande à un adulte d'allumer l'allumette et d'enflammer la pointe du cure-dents (l'extrémité à l'intérieur du verre). Éteins rapidement l'allumette et attends que les fourchettes tombent.

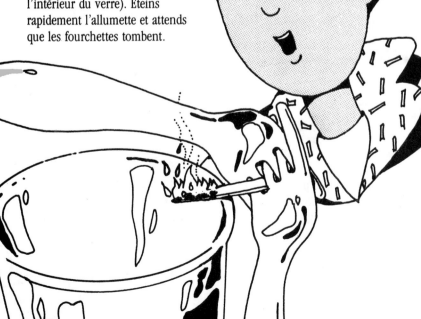

Qu'est-ce qui se passe ?

Chaque objet possède un centre de gravité, un point où son poids est également distribué. Lorsque tu suspends quelque chose, son centre de gravité est directement sous le support. Tente de maintenir en équilibre sur ton doigt les fourchettes entrecroisées (sans le cure-dents), les manches vers le bas. C'est facile ! Le centre de gravité des fourchettes entrecroisées se trouve entre les fourchettes. Lorsque tu places les fourchettes en équilibre sur ton doigt, les manches vers le bas, leur centre de gravité est juste en dessous de ton doigt.

Essaie maintenant de les mettre en équilibre sur ton doigt avec les manches à l'horizontale, de la façon dont elles tenaient sur le rebord du verre. Tu ne peux pas le faire parce que leur centre de gravité est en l'air, et non plus bas que ton doigt qui les soutient. Lorsque tu ajoutes le cure-dents, tu mets le support au-dessus du centre de gravité. Cela ne change rien de faire brûler la partie du cure-dents à l'intérieur du verre — tout ce qui compte, c'est la partie qui joint les fourchettes à leur centre de gravité.

Pourquoi le cure-dents cesse-t-il de brûler ?

Lorsque les objets deviennent assez chauds, ils s'enflamment. La flamme de l'allumette chauffe la pointe du cure-dents jusqu'à ce qu'elle s'enflamme. Puis, la flamme du cure-dents réchauffe le bois à côté jusqu'à ce qu'il s'enflamme à son tour. La flamme voyage donc le long du cure-dents. Cependant, quand la flamme atteint le bois qui repose sur le bord du verre, le verre absorbe une partie de la chaleur du bois. La partie du cure-dents qui repose sur le verre ne devient jamais assez chaude pour s'enflammer et le feu s'éteint.

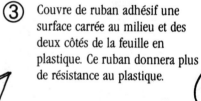 VIVE LA BRISE

Tu as entendu parler de chasse au trésor, de chasse aux sorcières et même de chasse d'eau. Mais as-tu déjà tenté de faire une chasse à l'air ? Pas chasser l'air, mais avec de l'air. C'est possible avec un canon à air.

Il te faut:

- des ciseaux
- une boîte de carton carrée de 30 cm de côté
- une feuille en plastique assez grande pour recouvrir la boîte avec 4 cm qui dépassent tout le tour
- du ruban adhésif de vinyle (celui qu'on utilise pour réparer les chaises de cuisine ou les jouets gonflables, par exemple)
- une petite poignée (une poignée de tiroir de bois, par exemple)
- une vis terminée par un anneau qui peut se visser à l'arrière de la poignée
- quatre élastiques
- deux petits bâtons (des cure-dents, par exemple) ou des clous
- du ruban adhésif (ou du papier-cache) large

① Découpe le haut de la boîte de carton avec les ciseaux.

③ Couvre de ruban adhésif une surface carrée au milieu et des deux côtés de la feuille en plastique. Ce ruban donnera plus de résistance au plastique.

④ Passe la vis au centre du carré recouvert de ruban adhésif et visses-y la poignée.

② Découpe un cercle de 15 cm de diamètre centré au fond de la boîte. (Voir page 85 pour les instructions.) Perce un petit trou de chaque côté du cercle à environ 2,5 cm de celui-ci.

⑤ Double un élastique en nouant deux élastiques ensemble. Pour ce faire, passe un élastique (A) au centre de l'autre élastique (B). Laisse pendre B de A. Passe un bout de A à travers la boucle à l'autre bout de A et tire bien.

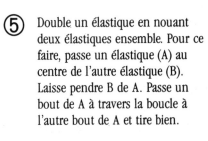

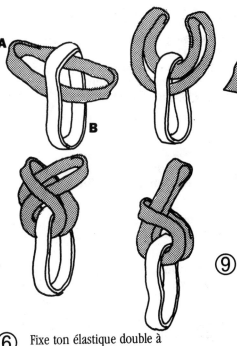

⑥ Fixe ton élastique double à l'anneau de la vis en passant une extrémité dans l'anneau et le reste, dans la boucle formée, comme tu l'as fait en attachant les deux élastiques.

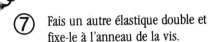

⑦ Fais un autre élastique double et fixe-le à l'anneau de la vis.

⑧ Tends la feuille en plastique sur la partie supérieure de la boîte, les élastiques pendant à l'intérieur. Utilise du papier-cache ou du ruban adhésif pour fixer le plastique autour de la boîte. Ne l'attache pas trop serré!

⑨ Attrape un des élastiques par le trou. Étire-le jusqu'à un des petits trous et passe-le au travers. Passe un clou ou un petit bâton à travers la boucle. Fais la même chose avec l'autre élastique dans l'autre petit trou.

⑩ Tiens la boîte d'une main, le couvercle en plastique te faisant face. Dirige le trou vers quelque chose qui peut bouger (un rideau, un mouchoir de papier, les cheveux d'une amie). Tire la poignée vers toi, aussi loin que le permet le couvercle en plastique, puis lâche-la et attends le coup de canon à air. (Ça peut prendre quelques essais avant de parfaire ton tir.)

À quelle vitesse le tir du canon sort-il? Mesure la distance du canon à la cible, puis compte les secondes (mille une, mille deux…) à partir du moment où tu relâches la poignée jusqu'à ce que la cible soit touchée. Divise la distance par le temps. (S'il faut 2 secondes pour traverser 2 m, la vitesse sera d'environ 3,5 km/h.)

Jusqu'où peux-tu tirer avec ton canon à air? Recule-toi de ta cible jusqu'à ce que tu ne voies plus aucune ondulation. Mais attention! Tu as peut-être tout simplement raté ta cible — le canon à air manque facilement son but à grande distance.

Qu'est-ce qui se passe?

En tirant le couvercle en plastique, tu augmentes les dimensions de la boîte qui se remplit alors d'air. Lorsque tu lâches la poignée et que le plastique reprend sa place, l'air en trop est repoussé fortement contre la paroi opposée de la boîte. Lorsqu'il s'échappe par le trou, l'air est ralenti le long des bords et l'air qui circule rapidement au milieu revient sur lui-même, formant un tourbillon d'air qui s'échappe sous forme d'anneau.

Les mathématiciens appellent cette forme de beignet un tore. Cette forme reste stable et voyage de cette façon dans l'air environnant.

Si tu veux voir la forme de beignet, apporte ton canon à air près d'un barbecue. Lorsque la fumée s'échappe du barbecue, tiens l'ouverture de ton canon au-dessus de la fumée et attrapes-en un peu à l'intérieur (attention, tiens-le loin des flammes!). Tire ton canon à air et observe l'anneau de fumée!

Si tu ne peux pas attendre jusqu'au prochain barbecue, tu peux quand même avoir une bonne idée de la forme de tore en tirant de ton canon dans une baignoire ou un évier rempli d'eau.

Tu n'as pas toujours besoin d'un canon à air pour créer un tourbillon. Une tornade, par exemple, est un tourbillon vertical créé par les changements de pression atmosphérique à l'intérieur de gros nuages orageux.

Les oiseaux créent un tourbillon chaque fois qu'ils battent des ailes — lorsque les ailes poussent vers le bas, elles exercent une pression sur l'air qui est en dessous. Cet air s'échappe ensuite par-dessus l'extrémité des ailes, créant un tourbillon lorsqu'il se précipite dans la zone de basse pression au-dessus de l'aile.

Lorsque tu verras un oiseau voler tout près, imagine-toi que cette piste derrière chaque aile est un tourbillon continu qui s'étend progressivement comme le sillage derrière un bateau. Un autre oiseau volant en arrière recevrait un choc s'il heurtait ce tourbillon. Pense à tout cela la prochaine fois que tu verras une formation en V d'oiseaux migrateurs.

Comment centrer un cercle
au fond d'une boîte

Il te faut:
- **une règle**
- **un crayon**
- **une ficelle**

① À l'aide de la règle, trace une ligne pour relier deux coins opposés de la boîte. Relie les deux autres coins opposés. Le point de rencontre des deux lignes est le centre de la boîte.

② Attache un bout de la ficelle au crayon.

③ Pour faire un cercle de 15 cm de diamètre, mesure la ficelle sur la règle et fais une marque sur la ficelle à 7,5 cm.

④ Tiens fermement cette marque au point de jonction des deux lignes. Tire le crayon aussi loin qu'il peut aller, au bout de la ficelle, et trace ton cercle. (Si tu trouves trop difficile de tenir la ficelle et de tracer en même temps, fixe la ficelle avec du ruban adhésif ou une punaise au centre de la boîte.)

ÉCUME LES MERS

Aimerais-tu te retrouver dans un bateau puissant qui fend les flots, des embruns plein la figure ? Si c'est l'hiver ou si tu habites loin d'un cours d'eau, cela peut être difficile. C'est encore plus difficile si tu n'as pas de bateau. Pourquoi ne pas t'en fabriquer un ? Pas assez grand pour t'y asseoir, mais quand même puissant. Le carburant se trouve déjà dans la cuisine.

Il te faut :
- **un crayon**
- **un morceau de carton (avec une surface polie)**
- **des ciseaux**
- **une cuvette en plastique ou un lavabo ayant un bon bouchon**
- **du savon à vaisselle**

① Trace la forme de bateau de cette page sur ton morceau de carton. Il peut être d'une taille différente.

② Découpe ta forme.

③ Remplis le lavabo ou la cuvette de 2,5 cm d'eau froide.

④ Attends que l'eau soit calme, puis dépose ton bateau en carton à la surface de l'eau. (Si tu utilises un lavabo, tu remarqueras que l'eau continue de tourner dans un mouvement circulaire. Place alors le bateau contre le courant.)

⑤ Lorsque ton bateau est aussi immobile que possible sur l'eau, dépose une goutte de savon à vaisselle dans l'entaille, à l'arrière du bateau.

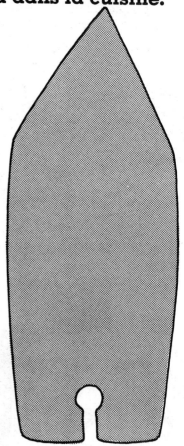

Qu'est-ce qui se passe?

L'eau est composée de groupes d'atomes appelés molécules. Les molécules de l'eau sont fortement attirées les unes par les autres. En fait, elles sont si fortement accrochées les unes aux autres qu'elles forment une sorte de «peau» (appelée tension superficielle) sur l'eau. Tu peux voir la tension superficielle à l'œuvre si tu déposes un peu d'eau sur une feuille de papier paraffiné. Regarde la forme des gouttes — c'est la tension superficielle qui les tient ensemble, comme elle le fait avec les gouttes de pluie.

Le savon défait la prise que les molécules d'eau ont les unes sur les autres. Et c'est bien… après tout, si l'eau restait toujours égale à elle-même, tu ne réussirais jamais à laver la saleté. Dépose une goutte de savon sur une des gouttes d'eau sur ton papier paraffiné et regarde ce qui se passe.

Ton bateau en carton qui repose sur l'eau est comme le point central d'une lutte à la corde — la tension superficielle tire dans toutes les directions. Lorsque tu déposes une goutte de savon dans l'entaille à l'arrière du bateau, tu diminues la prise des molécules de l'eau à cet endroit et, comme l'équipe gagnante d'une lutte à la corde, le reste de la tension superficielle tire le bateau vers l'avant.

Ton bateau va-t-il continuer à avancer avec son carburant savonneux ou vas-tu devoir changer d'eau? Combien de fois peux-tu le faire avancer?

Peux-tu fabriquer un bateau actionné au savon qui va plus vite ou plus loin? La forme ou la taille de l'entaille font-elles une différence? À toi de vérifier.

DU VENT DANS TA BAIGNOIRE

As-tu déjà observé un voilier sur un lac? Comment peut-il aller dans toutes les directions alors que le vent ne souffle que d'un seul côté? Une croisière dans une baignoire va t'aider à le découvrir.

① Reste à l'extérieur de la baignoire et tire le rideau. Passe la main à l'intérieur et tourne le robinet d'eau froide en actionnant la douche. Recule-toi et observe le rideau.

② Tourne maintenant le robinet d'eau chaude jusqu'à ce que la température soit celle que tu utiliserais pour prendre une douche chaude. Recule-toi et observe le rideau.

③ Ferme le robinet ou déshabille-toi et prends ta douche.

Il te faut:
- **une baignoire munie d'une douche et d'un rideau de douche (S'il y a un rideau et une doublure, retire le rideau. La doublure est plus légère et sera plus utile.)**

Qu'est-ce qui se passe?

Lorsque tu ouvres le robinet d'eau froide, l'eau qui coule de la pomme de la douche agite l'air à l'intérieur du rideau, créant ainsi un léger «vent». Puisque l'air en mouvement a une pression plus basse que l'air immobile, le «vent» dans la douche abaisse légèrement la pression à l'intérieur du rideau, et la pression plus élevée de l'extérieur pousse le rideau vers l'intérieur. Le rideau s'agite un peu.

Mais lorsque tu utilises l'eau chaude, tu réchauffes l'air à l'intérieur du rideau. En se réchauffant, les molécules d'air s'éloignent les unes des autres (tu n'aimes pas être coincé avec plein de monde lorsqu'il fait chaud, toi non plus!), rendant l'air plus léger. L'air chaud s'élève et son mouvement crée plus de «vent» derrière le rideau. La différence de pression entre les deux côtés du rideau devient assez élevée pour que la haute pression fasse se courber le rideau à l'intérieur.

Une fois que le rideau est courbé, l'air qui s'élève près du rideau doit aller encore plus vite pour contourner la courbe. Qu'est-ce qui arrive lorsque l'air se déplace rapidement? La pression s'abaisse encore plus et le rideau se gonfle vraiment vers l'intérieur. Si tu es dans la douche, tu te retrouves tout empêtré dans le rideau!

Si ta baignoire était un voilier et le rideau la voile, il ne te faudrait qu'un peu de brise en arrière pour gonfler légèrement la voile. Puis, aussi longtemps que le vent souffle par-dessus la courbe, quelle que soit sa direction, la basse pression d'air du côté courbé te tire en avant. Dans un voilier, tu peux orienter la voile pour que le vent continue de souffler d'un côté à l'autre devant celle-ci, ce qui te permet de voguer dans n'importe quelle direction alors que le vent, lui, ne souffle que d'une seule direction.

Tu veux voir s'élever l'air chaud?

Il te faut:
- **un mouchoir de papier**
- **une lampe**

(1) Déchire une bande de mouchoir de papier de 2,5 cm de large.

(2) Laisse pendre la bande au-dessus d'une lampe qui est éteinte depuis au moins une heure. Observe l'immobilité de la bande.

(3) Allume la lampe et attends quelques minutes. Laisse pendre la bande au-dessus de la lampe.

La bande s'agite doucement dans la brise d'air chaud qui s'élève de la lampe.

PROJETTE UNE IMAGE ENSOLEILLÉE

NON! NE REGARDE PAS LE SOLEIL!
Combien de fois as-tu entendu cet
avertissement? Mais c'est plein de bon sens.
Un seul petit coup d'œil directement dirigé
sur le soleil peut provoquer des dommages
permanents à tes yeux — même si tu portes
de très bonnes lunettes de soleil.

Les astronomes ne regardent jamais
directement le soleil à l'œil nu. Ils utilisent
des instruments munis de filtres spéciaux et
des appareils pour dévier presque toute la
lumière afin de ne pas se brûler les yeux.

Et pourtant, il y a tellement de choses
intéressantes là-haut. Heureusement qu'il
existe des moyens de voir le soleil sans le
regarder directement. En voici un.

Il te faut:
- **du ruban adhésif**
- **une feuille carrée de papier blanc et propre de 20 cm de côté**
- **un morceau de carton de la même grandeur ou un peu plus large**
- **une paire de jumelles avec mise au point**
- **une journée ensoleillée**

① Colle avec précaution le papier sur le carton. C'est ton écran.

② Emporte tes jumelles et ton écran à l'extérieur dans un endroit ouvert où il n'y a pas de branches d'arbres, d'édifices ou de fils électriques entre le soleil et toi.

③ Règle la molette de mise au point de tes jumelles au milieu de sa capacité. Tiens les jumelles d'une main et l'écran de l'autre.

④ PLACE-TOI DOS AU SOLEIL. Tiens tes jumelles au-dessus de ton épaule, la partie plus large tournée vers l'arrière. *Sans regarder le soleil*, dirige la partie large des jumelles vers le soleil. Regarde l'ombre des jumelles au sol. Lorsqu'elle est la plus petite, c'est qu'elles sont dans la bonne direction.

⑤ Tiens ton écran à 30 cm environ du petit bout des jumelles. Regarde les deux cercles blancs qui brillent sur ton écran. Ce sont les images du soleil projetées à travers les lentilles de tes jumelles. Pour mieux voir, il te faut une image qui a au moins 5 cm de diamètre. Tourne la molette de mise au point et déplace ton

écran jusqu'à ce que tu aies une image claire et de bonne grosseur.

⑥ Ne regarde pas trop longtemps. Même tes jumelles peuvent être endommagées par le soleil. Utilise-les pendant de courtes périodes et laisse-les refroidir pour les empêcher de surchauffer.

Qu'est-ce qu'il faut chercher?

Les taches solaires. **Observe les petits points noirs qui restent sur l'image, même si tu déplaces les jumelles. Ce sont les régions plus froides à la surface du Soleil. Les taches solaires se produisent plus souvent lorsque le Soleil déploie un haut degré d'énergie, un cycle qui se répète environ tous les 11 ans. Les pics d'énergie du Soleil ont aussi un effet sur la Terre ; ils peuvent affecter notre météo et brouiller les transmissions électromagnétiques et d'ondes sonores.**

Les protubérances. Ce sont des explosions à la surface solaire. Tu peux les voir comme des bras de lumière dansant en périphérie de ton image. Elles ont tendance à aller de pair avec les taches solaires dans le même cycle d'activité.

Le mouvement. Le Soleil tourne sur lui-même tout comme la Terre. Pour le voir, repère une tache solaire et marques-en l'emplacement sur ton image. Reviens plus tard et projette une autre image du Soleil sur ton écran. Est-ce que la tache solaire a bougé ?

Si tu veux surveiller le Soleil un certain temps, il te faut quelque chose pour appuyer tes jumelles. Un trépied est ce qu'il y a de mieux, mais tu peux aussi utiliser un poteau de clôture, avec un chiffon que tu placeras sous les jumelles pour leur donner le bon angle.

ÇA BALANCE

T'es-tu déjà balancé sur une corde ou un vieux pneu? Avant de devenir tout étourdi, t'a-t-il semblé que tu tournais en rond dans le même sens? C'était peut-être vrai.

Il te faut:
- une feuille de papier
- du ruban adhésif
- un crayon bien pointu, un stylo ou des ciseaux
- un petit bout de ficelle de 30 cm environ
- deux crochets ou deux vis à grosse tête (ou du ruban adhésif fort)
- un long bout de ficelle d'environ 4 m
- un bouton à deux trous
- une grande feuille de papier noir (du papier d'emballage brillant, par exemple)
- du sucre fin

① Fabrique un cône en tenant les deux coins d'un des longs côtés de la feuille de papier. Fais-les se rejoindre puis se chevaucher. Continue de les faire chevaucher jusqu'à ce qu'il n'y ait plus qu'un petit trou à la pointe du cône. Fixe les côtés du cône avec le ruban adhésif à l'intérieur et à l'extérieur. (Tu auras peut-être besoin d'aide pour cette étape.) Fais attention de ne pas écraser ou plier la pointe du cône.

② Trace deux points, comme sur l'illustration, puis colle du ruban adhésif transparent pour empêcher le papier de se déchirer. Avec la pointe d'un crayon pointu ou d'un stylo ou avec la pointe des ciseaux, perce un petit trou à travers chaque marque.

③ Passe un bout de la petite ficelle à travers un trou et attache-la à l'aide d'une boucle. Fais la même chose de l'autre côté avec l'autre bout de la ficelle, en laissant 12 cm de ficelle entre les deux boucles. Vérifie si tu n'as pas plié ou écrasé la pointe du cône.

④ Demande la permission de fixer tes crochets ou tes vis à un cadre de porte. En cas de refus, il te faudra utiliser du ruban adhésif fort.

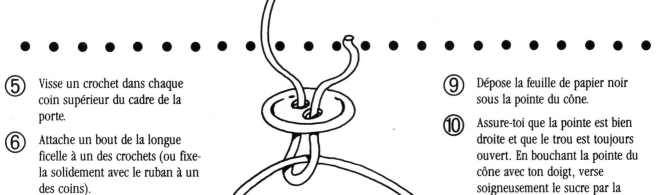

5. Visse un crochet dans chaque coin supérieur du cadre de la porte.

6. Attache un bout de la longue ficelle à un des crochets (ou fixe-la solidement avec le ruban à un des coins).

7. Passe l'autre bout de la ficelle dans un trou du bouton, puis sous la ficelle attachée au cône, et enfin dans l'autre trou du bouton.

8. Amène l'extrémité libre de la ficelle à l'autre crochet. Mesure la ficelle pour que la pointe du cône soit à 3 cm du sol, puis attache la ficelle.

9. Dépose la feuille de papier noir sous la pointe du cône.

10. Assure-toi que la pointe est bien droite et que le trou est toujours ouvert. En bouchant la pointe du cône avec ton doigt, verse soigneusement le sucre par la grande ouverture du cône. Remplis-le à moitié.

11. Enlève ton doigt. Amène le cône près du cadre de la porte et laisse-le aller. Pendant qu'il se balance, regarde les dessins que le sucre fait sur le papier.

12. Glisse le bouton sur la ficelle, un peu à la fois et laisse le cône se balancer à chaque nouvelle position. Les dessins sont-ils différents? Essaie un départ dans une position tout à fait différente.
Combien de dessins diffé-rents peux-tu faire? (Enlève le sucre sur le papier noir entre chaque essai pour avoir une image plus claire.)

Qu'est-ce qui se passe?

Ta machine à dessins est un pendule double. Un pendule est tout ce qui peut être suspendu à l'une de ses extrémités et libre de balancer à l'autre. Le bras qui se balance sous l'horloge est un pendule de même qu'une lampe suspendue ou qu'une perle sur une chaîne. Une fois que tu as amorcé le mouvement d'un pendule, l'objet se balance d'avant en arrière à une vitesse régulière, tout selon sa longueur.

Toute ta machine à dessins, du cadre de la porte jusqu'à la pointe du cône, peut se balancer d'en avant en arrière. Mais la partie sous le bouton peut aussi glisser d'un côté à l'autre. Lorsque ces deux mouvements de balance se combinent, ils produisent toujours le même type de dessin, appelé *courbes de Lissajous*, d'après le physicien français Jules Antoine Lissajous, l'un des premiers à les étudier, à la fin des années 1800.

Pourquoi le dessin se modifie-t-il en travers de la feuille? Parce que, même si les deux mouvements débutent au même moment, ils changent de plus en plus d'allure à mesure que la friction ralentit le pendule et, finalement, s'arrêteront ensemble.

RÉPONSE

Retrouve ton chemin, page 78.

INDEX

● ● ● ● ● ● ● ● ● ● ● ● ● ● ● ● ● ● ● ●